Vanessa Altenberg

Thomas Möbius

Wie schreibe ich einen Aufsatz? 11.–13. Schuljahr

Band 2: Textinterpretation und Textvergleich

Bange Verlag

Über den Autor:

Thomas Möbius, geboren 1963 in Heidelberg, Studium der Germanistik und ev. Theologie, Promotion zum Dr. phil. in der germanistischen Mediävistik, Stipendiat der Konrad-Adenauer-Stiftung, Lehraufträge an der Universität Heidelberg, 1991–2001 Lehrer an einem Gymnasium in Mannheim, seit 2002 Akademischer Rat für Literaturwissenschaft und Literaturdidaktik an der Pädagogischen Hochschule Heidelberg, mehrjährige Auslandsaufenthalte in Mailand, Rom und Singapur, Autor von Lernhilfen und Königs Erläuterungen des Bange Verlags.

3., überarbeitete Auflage 2005
ISBN 10: 3-8044-1485-0
ISBN 13: 978-3-8044-1485-3

Gestaltung: Georg Lehmacher, Friedberg (Bay.)

Druck und Weiterverarbeitung:
FINIDR, s. r. o.
Český Těšín

Inhaltsverzeichnis

Vorwort: Zur Benutzung des Buches

Die beiden Aufsatzbücher für die Klassen 11–13 enthalten alle auf der Oberstufe vorkommenden Aufsatzformen. In dem vorliegenden zweiten Band werden die Textinterpretation und der Textvergleich behandelt.

Das Buch ist Lernhilfe und Arbeitsbuch in einem: Als Lernhilfe erlaubt es die intensive und auch kurzfristige Vorbereitung auf Klassenarbeiten und Prüfungen. Durch den gut gegliederten Inhaltsüberblick und das umfangreiche Gesamtregister für beide Bände gelangt man schnell zu den benötigten Informationen. Die einzelnen Arbeitsschritte zu den verschiedenen Aufsatzarten lassen sich leicht lernen. Sie sind Werkzeuge, mit denen der eigene Aufsatz gelingt.

Alle Arbeitsschritte werden anhand von Beispielen anschaulich und nachvollziehbar ausgeführt. Vollständige, klar gegliederte Musteraufsätze bieten handfeste Lösungsvorschläge.

Das vorliegende Buch ist gleichermaßen ein Arbeitsbuch. Am Ende jedes Kapitels finden sich Übungen unterschiedlicher Schwierigkeitsstufen. Die Lösungen lassen sich am Schluss des Buches zu Rate ziehen. Soweit sie die Aufsatzthemen betreffen, sind sie in übersichtlicher Weise stichwortartig abgefasst.

Die literarischen Themen betreffen solche Literatur, die zumeist in der Oberstufe gelesen wird; die nicht-literarischen Themen stammen aus den für die Oberstufe relevanten Bereichen Medien, Wirtschaft und Politik, Kunst, Bildung und Wissenschaft.

Zahlreiche Aufgaben sind ehemalige Klausur- und Prüfungsaufgaben. Nebenbei erhält man bei der Arbeit mit dem Buch nützliche Informationen über literarische Epochen, formale und sprachliche Mittel und Kurzbiografien bedeutender Dichter.

Stichwortverzeichnis

1. Die Textinterpretation

Einen Text interpretieren heißt einen literarischen Text verständlich machen, ihn erklären bzw. auslegen. Die Textinterpretation ist wohl die häufigste Aufgabe im Deutschunterricht der Oberstufe. Es wird dabei erwartet, dass man den Text nicht nur versteht, sondern auch Aussage, Aufbau und sprachliche Gestaltung analysieren kann. Die dafür notwendigen Fachbegriffe muss man beherrschen.
Die Interpretation bezieht sich in der Regel nur auf den Text (= textimmanente Interpretation). Eine textübergreifende Interpretation wird normalerweise nur dann verlangt, wenn sie vorher im Unterricht besprochen wurde.
Die Grundlage der Textinterpretation bilden epische, lyrische und dramatische Texte.

Der Unterschied zwischen der textimmanenten und der textübergreifenden Interpretation

textimmanente Methode:
→ erklärt Text allein aus ihm selbst heraus

textübergreifende Methode:
→ erklärt Text unter verschiedenen Gesichtspunkten, z. B.
literaturgeschichtlich
ästhetisch
biografisch
soziologisch
religiös
psychologisch
feministisch
historisch

1.1 Epik

Als Grundlage für die Interpretation von epischen Texten werden in der Regel Kurzgeschichten, Fabeln oder Parabeln verwendet.
Eine häufig vorkommende Aufgabenstellung lautet: „Interpretieren Sie den folgenden Text!" In diesem Fall muss man Leitfragen formulieren, nach denen man den Text untersucht. Die wichtigsten Leitfragen können Sie in Arbeitsschritt 6 lernen.
Normalerweise werden die Arbeitsaufgaben aber genau formuliert. Eine typische Aufgabenstellung für die Interpretation epischer Texte ist z. B. „Interpretieren Sie den folgenden Text! Fassen Sie den Inhalt zusammen und entwickeln Sie die Aussage! Untersuchen Sie, welche sprachlichen und formalen Mittel die Aussage unterstützen!"

1.1.1 Arbeitsschritte

Konkrete und generell gültige Rezepte für die Abfassung einer Textinterpretation sind schwieriger zu geben als für andere Aufsatzformen, weil das subjektive Verständnis beim Schreiben eine Rolle spielt und weil sich das Textverständnis im Laufe der Beschäftigung verändert. Mit den nachfolgenden Arbeitsschritten lassen sich aber die meisten Aufgabenstellungen bewältigen. In jedem Fall muss man beachten, was genau verlangt ist.

1. Text mehrmals genau lesen, unbekannte Wörter klären.
2. Thema des Textes in einem Satz oder in zwei Sätzen zusammenfassen.
3. Intention (Absicht) des Dichters feststellen und notieren.
   (Dieses Vorverständnis kann nach der intensiven Beschäftigung mit dem Text gegebenenfalls modifiziert werden.)
4. Literarische Gattung bestimmen.
5. Text in Handlungs- und Sinnabschnitte einteilen, Überschriften finden und einzelne Abschnitte kurz zusammenfassen, dabei direkte Rede in indirekte Rede umformen.
6. Geeignete Leitfragen für die textimmanente Interpretation eines epischen Textes formulieren, wenn die Aufgabenstellung keine Leitfragen enthält.

Leitfragen zur Interpretation epischer Texte

Welche Leitfragen Ihnen das Textverständnis erhellen, müssen Sie selbst jeweils am Text entscheiden. Grundsätzlich können Sie die folgenden Fragen für jeden Text verwenden; dabei werden Sie nicht alle Fragen bei jeder Interpretation benötigen, außerdem sind die Fragen dem jeweiligen Text anzupassen (vgl. 1.1.4).

- Wie lassen sich Inhalt und Aussage zusammenfassen?
- Welche Erzählschritte lassen sich feststellen?
- Wer steht im Mittelpunkt der Handlung?
- Wie lassen sich die Hauptpersonen charakterisieren?
- Wie lässt sich das Verhältnis der beteiligten Figuren beschreiben?
- Gibt es Wörter, denen eine besondere Bedeutung zukommt („Schlüsselwörter")?
- Welche sprachlichen und formalen Gestaltungsmittel unterstützen die Aussage?
- Welche Bedeutung spielen Raum und Zeit?
- Wie spiegelt sich das innere Erleben der Figuren in der äußeren Wirklichkeit wider?
- Aus welcher Perspektive wird erzählt?
- Welche Bedeutung kommt dem Titel zu?

Info

- Wie spiegelt sich die Biografie des Dichters oder die literarische Epoche in dem Text wider?
- Wie sind Realitäts- und Aktualitätsbezug des Textes zu beurteilen?

7. Stoffsammlung zu den Leitfragen aus der Aufgabenstellung oder Arbeitsschritt 6 erstellen.
8. Gliederung des Aufsatzes entwerfen.
9. Ausarbeitung des Aufsatzes formulieren.
10. Aufsatz nochmals durchlesen, auf Rechtschreibung, Zeichensetzung und gute Verständlichkeit des Ausdrucks achten.

Textverweis

Üben Sie die Umformung direkte Rede → indirekte Rede in Ü 1 (Bd. 1) und Ü 2 (Bd. 1)!

1.1.2 Aufbau und Sprache des Aufsatzes

Aufbau des Aufsatzes

A. Einleitung

Dichter, Titel, literarische Gattung, Thema, eventuell auch kurze Zusatzinformationen über Autor und literarische Epoche
bei Textauszügen: Thema der Textstelle

B. Hauptteil

Leitfragen aus der Aufgabenstellung oder Leitfragen aus Arbeitsschritt 6 (wenn keine Leitfragen in der Aufgabenstellung)

C. Schluss

Aktualität des Textes oder
Versuch einer Wertung oder
literaturgeschichtliche Bedeutung

Sprache des Aufsatzes

- Schreibhaltung objektiv und distanziert
- Präsens oder Perfekt (um Vorzeitigkeit auszudrücken) benutzen
- Formulierungen kurz, sachlich und präzise
- in Inhaltsangabe keine eigene Wertung, z. B. in Form wertender Attribute, und keine Zitate

- Umwandlung der direkten Rede in die indirekte Rede, dabei unbedingt Konjunktiv verwenden
- vom Wortlaut des Textes lösen und in eigenen Worten schreiben
- Behandlung der Leitfragen immer (Ausnahme: Inhaltsangabe und Kontexteinordnung) mit Textbezug (Zitate!)
- Fachbegriffe verwenden

Textverweis

Üben Sie die Umformung direkte Rede → indirekte Rede in Ü 1 (Bd. 1) und Ü 2 (Bd. 1)! Üben Sie richtiges Zitieren in Ü 27 (Bd. 1)!

1.1.3 Fachbegriffe der Epik

Fachbegriff	Erklärung
Anekdote	(griech. „das Nicht-Herausgegebene“) knappe, meist heitere Erzählung, die das Typische einer berühmten Person, einer Zeit oder Gesellschaft schlaglichtartig beleuchtet
Antiheld	im Gegensatz zum Helden zeigt der Antiheld keinerlei heroische Züge, er ist passiv, schwach, Opfer der Umwelt (z. B. Woyzeck in Büchners gleichnamigem Drama)
Aphorismus	(griech. „das Abgegrenzte“) kurzer, prägnanter Merksatz, der einen wichtigen Gedanken enthält („Überzeugungen sind gefährlichere Feinde der Wahrheit als Lügen“, Nietzsche)
Auktoriale Erzählperspektive	(von lat. „Autor“, „Urheber“) allwissender Erzähler, der Ablauf des Geschehens kennt und kommentiert (z. B. durch Vorausdeutungen)
Außensicht	Beschreibung des Wahrnehmbaren aus → personaler oder → auktorialer Erzählperspektive
Bericht	im epischen Werk: kurzer Abriss des Geschehens, dient der → Zeitraffung

Fachbegriff	Erklärung
Bewusstseinsstrom (stream of consciousness)	Erzähltechnik; Fortentwicklung des → inneren Monologs, assoziative, teilweise als ungeordnet erscheinende Aneinanderreihung der Gedanken einer Figur (in *Ulysses* von James Joyce z. B. durch Verzicht auf jegliche Satzzeichen deutlich gemacht)
Bildebene	Textinhalt einer → Fabel oder → Parabel, der einer → Sachebene zugeordnet werden muss
Binnenerzählung	Erzählung innerhalb einer Rahmenerzählung (z. B. Boccaccio, *Decamerone*)
Briefroman	Romanform, die fast ausschließlich aus den (fiktiven) Briefen einer oder mehrerer Personen besteht
Charakterisierung	Beschreibung einer Person direkte Charakterisierung: durch andere Figuren des Werkes; indirekte Charakterisierung: durch den Leser (Grundlage: Verhaltensweisen, Kleidung, Aussehen, Gespräche)
Dialog	(griech. „die Unterredung") Wechselrede zwischen zwei Personen
Epik	(griech. „zum Epos gehörig") im Unterschied zur Lyrik und zum Drama erzählende Dichtung: z. B. Fabel, Parabel, Novelle, Anekdote, Witz, Roman, Kurzgeschichte
Epische Breite	weit ausholende Erzählweise, die bei Einzelheiten verharrt und häufig abschweift
Erlebte Rede	Form zwischen direkter und indirekter Rede, innere Vorgänge aus der Perspektive der Figur in der 3. Pers. Imperfekt Beispiel: Er sagte: „Ich will jetzt ins Haus gehen." (direkte Rede)

	Er sagte, dass er ins Haus gehen wolle. (indirekte Rede) Er wollte jetzt ins Haus gehen. (erlebte Rede)
Erzähler	Vermittlungsinstanz zwischen dem fiktionalen Geschehen und dem Leser
Erzählgegenwart	zeitlicher Ort des Erzählers (im Gegensatz zum zeitlichen Ort des Erzählten)
Erzählhaltung	Verhältnis des Erzählers zum erzählten Geschehen
Erzählperspektive	Standpunkt, von dem aus der Erzähler die erzählte Welt vermittelt. Man unterscheidet → auktoriale Erzählperspektive, → personale Erzählperspektive, → Ich-Erzählperspektive
Erzählzeit	Zeit, die das Lesen eines Textes benötigt
Erzählte Zeit	Zeitraum, über den sich die erzählte Handlung erstreckt
Fabel	(lat. „Erzählung“) literarische Gattung (episch, lyrisch), in der Tiere menschliche Eigenschaften verkörpern, meist mit Lehre, die erzieherischen oder satirischen Effekt erzielen soll Kern („plot“) einer epischen oder dramatischen Handlung
Handlung (oder Geschehen)	innere Handlung: spielt sich im Innenbereich (Gedanken, Gefühle) der Figuren ab äußere Handlung: spielt sich im wahrnehmbaren Bereich ab
Held	wertfreie Bezeichnung für die Hauptfigur eines Werkes
Ich-Erzählperspektive	Sonderform der → personalen Erzählperspektive, Vermittlung des Geschehens aus dem Blickwinkel einer beteiligten Figur in der Ich-Form (Ich-Erzähler nicht identisch mit Autor!)

Fachbegriff	Erklärung
Innerer Monolog	Wiedergabe unausgesprochener Gedanken im Präsens und in der Ich-Form
Innensicht	auktorialer Erzähler beschreibt, was nicht von außen wahrnehmbar ist, er kommentiert und deutet
Ironie	(griech. „Verstellung") unwahre Behauptung, die das Gegenteil von dem meint, was sie ausdrückt; bewirkt Distanzierung des Autors (subjektive Ironie in der romantischen Ironie als Durchbrechung des romantischen Ideals, bei Thomas Mann als Distanzierung von erzählter Welt, objektive Ironie in der tragischen Ironie als Steigerung des tragischen Effekts, z. B. in Sophokles' *Ödipus*)
Komik	(griech. „nächtlicher Umzug von Zechern unter Musikbegleitung") Effekt der Erheiterung, ausgelöst z. B. durch Widerspruch zwischen Sein und Schein
Kurzgeschichte	nach Vorbild der amerikanischen „short story" eine Erzählung mit unmittelbarem Anfang (Einblendung), reduziertem Personal, straffer und linearer Erzählweise und meist offenem, deutungslosem Schluss; verwandt mit Novelle und Anekdote; Stoffe aus der Alltagswirklichkeit
Märchen	(mhd. „Kunde", „Nachricht") epische Form, thematisiert allgemein menschliche Konflikte in einer vom herkömmlichen Verständnis von Raum, Zeit und Kausalität losgelösten Wirklichkeit, häufig mit erzieherischem Impetus
Monolog	(aus griech. „allein" und „Rede") Selbstgespräch einer Person, als → innerer Monolog, → Briefroman, → Ich-Erzählperspektive
Novelle	(ital. „Neuigkeit") kürzere Vers- oder Prosaerzählung über eine

	„unerhörte Begebenheit" (Goethe), die nicht alltäglich, aber wahrscheinlich (Unterschied zum Märchen) ist; pointierte, auf das Wesentliche beschränkte Struktur mit Höhe- und Wendepunkt
Parabel	(griech. „Vergleichung", „Gleichnis") gleichnishafte Erzählung mit Bild-und Sachhälfte und einem zumeist nicht ausdrücklich genannten Vergleichspunkt (→ Tertium comparationis); durch Analogiebildung wird die enthaltene allgemeine sittliche Wahrheit erschlossen.
Personale Erzählperspektive	Vermittlung des Geschehens aus dem Blickwinkel einer oder mehrerer beteiligter Figuren
Prolog	Vorwort
Roman	(altfranz. „in der Volkssprache geschrieben") epische Großform, „aus Beschreibung, Dialog, Bericht etc. gefügtes Erzählgewebe zur entwerfenden Darstellung eines Welt- und Lebensausschnitts, in dem Kräfte von Schicksal und Umwelt auf Individuum oder Kollektiv einwirken" (Best, S. 435)
Rückblende	Unterbrechung des kontinuierlichen Erzählflusses, um auf etwas Vergangenes zu verweisen
Sachebene	als Gegenbegriff zur → Bildebene das, was eigentlich gemeint ist; Bereich der Wirklichkeit, der auf der Bildebene verschlüsselt zum Ausdruck kommt
Satire	(lat. „buntes Allerlei") Haltung, die durch Spott und Kritik Veränderung bewirken will, Demonstration einer fehlerhaften Welt; kann mit allen literarischen Formen Verbindung eingehen
Symbol	(griech. „Merkmal") konkret fassbares Zeichen, das auf einen abstrakten Begriff verweist (z. B. Kreuz als Symbol für das Christentum); häufig vorkommende Gegenstände mit solchem Bezug können zum Dingsymbol wer-

Fachbegriff	Erklärung
	den; auch Farben können mit ihrem Symbolcharakter verwendet werden
Tertium comparationis	(lat. „das Dritte des Vergleichs") Vergleichspunkt, der die Analogiebildung von Bildhälfte und Sachhälfte bei → Fabel und → Parabel erlaubt (z. B.: „Er handelt wie ein Fuchs", Tertium comparationis: „schlau")
Vorausdeutung	Unterbrechung des kontinuierlichen Erzählflusses, um auf etwas Zukünftiges hinzuweisen
Zeitdehnung	→ Erzählzeit länger als → erzählte Zeit: ein in Wirklichkeit kurzer Vorgang wird ausführlich beschrieben, dadurch Erhöhung der Anschaulichkeit
Zeitdeckung	→ Erzählzeit nahezu identisch mit → erzählter Zeit: beschriebener Vorgang dauert dieselbe Zeit wie die Lektüre; dadurch Eindruck naturgetreuer Wiedergabe, Erhöhung der Eindringlichkeit und Unmittelbarkeit (bes. bei → Bewusstseinsstrom)
Zeitraffung	→ Erzählzeit kürzer als → erzählte Zeit: ein in Wirklichkeit lange dauernder Vorgang wird sehr kurz beschrieben, dadurch große Dynamik, geeignet, um längere Zeiträume zusammenzufassen
Zeitstruktur	zeitlicher Aufbau einer Erzählhandlung kontinuierlicher Aufbau: realistischer Ablauf diskontinuierlicher Aufbau: Unterbrechung des realistischen Aufbaus durch Vorausdeutungen und Rückblenden simultaner Aufbau: Geschehnisse laufen zeitlich parallel ab
Zitat	wortgetreue Übernahme eines Begriffs, eines Ausdrucks oder ganzer Sätze (z. B. Heinrich Mann, *Der Untertan*: Rede Heßlings vor seinen Arbeitern zusammengesetzt aus Zitaten kaiserlicher Reden)

1.1.4 Ausführung der Arbeitsschritte bei Fabel und Parabel

Arbeitsaufgabe:
Interpretieren Sie die Erzählung von James Thurber!

James Thurber (1894–1961)
Die Kaninchen, die an allem schuld waren (1967)

Es war einmal – selbst die jüngsten Kinder erinnern sich noch daran – eine Kaninchenfamilie, die unweit von einem Rudel Wölfe lebte. Die Wölfe erklärten immer wieder, dass ihnen die Lebensweise der Kaninchen ganz und gar nicht gefalle. (Von ihrer eigenen Lebensweise waren die Wölfe begeistert, denn das war die einzig richtige.) Eines Nachts fanden mehrere Wölfe bei einem Erdbeben den Tod, und die Schuld daran wurde den Kaninchen zugeschoben, die ja, wie jedermann weiß, mit ihren Hinterbeinen auf den Erdboden hämmern und dadurch Erdbeben verursachen. In einer anderen Nacht wurde einer der Wölfe vom Blitz erschlagen, und schuld daran waren wieder die Kaninchen, die ja, wie jedermann weiß, Salatfresser sind und dadurch Blitze verursachen. Die Wölfe drohten, die Kaninchen zu zivilisieren, wenn sie sich nicht besser benähmen, und die Kaninchen beschlossen, auf eine einsame Insel zu flüchten.
Die anderen Tiere aber, die weit entfernt wohnten, redeten den Kaninchen ins Gewissen. Sie sagten: „Ihr müsst eure Tapferkeit beweisen, indem ihr bleibt, wo ihr seid. Dies ist keine Welt für Ausreißer. Wenn die Wölfe euch angreifen, werden wir euch zu Hilfe eilen – höchstwahrscheinlich jedenfalls."
So lebten denn die Kaninchen weiterhin in der Nachbarschaft der Wölfe. Eines Tages kam eine schreckliche Überschwemmung, und viele Wölfe ertranken. Daran waren die Kaninchen schuld, die ja, wie jedermann weiß, Mohrrübenknabberer mit langen Ohren sind und dadurch Überschwemmungen verursachen. Die Wölfe fielen über die Kaninchen her – natürlich um ihnen zu helfen – und sperrten sie in eine finstere Höhle – natürlich um sie zu schützen.
Wochenlang hörte man nichts von den Kaninchen, und schließlich fragten die anderen Tiere bei den Wölfen an, was mit ihren Nachbarn geschehen sei. Die Wölfe erwiderten, die Kaninchen seien gefressen worden, und da sie gefressen worden seien, handle es sich um eine rein innere Angelegenheit. Die anderen Tiere drohten jedoch, sich unter Umständen gegen die Wölfe zusammenzuschließen, wenn die Vernichtung der Kaninchen nicht irgendwie begründet würde. Also gaben die Wölfe einen Grund an.
„Sie versuchten auszureißen", sagten die Wölfe, „und wie ihr wisst, ist dies keine Welt für Ausreißer."

Moral: Laufe – nein, galoppiere schnurstracks zur nächsten einsamen Insel.

(Aus: 75 Fabeln für Zeitgenossen. Hamburg 1967, S. 5 f.)

Lösung

Lösungsvorschlag:

1. **Text mehrmals genau lesen, unbekannte Wörter klären.**

2. **Thema des Textes in einem Satz oder in zwei Sätzen zusammenfassen.**
   Erzählt wird die Geschichte von der Verfolgung einer Kaninchenfamilie durch ein Rudel Wölfe. Die Kaninchen werden trotz der Hilfszusagen anderer Tiere am Ende vernichtet.

3. **Intention (Absicht) des Dichters feststellen und notieren.**
   James Thurber will an den Leser appellieren, sich in Notsituationen nicht auf die Hilfszusage anderer zu verlassen.

4. **Literarische Gattung bestimmen.**
   Es handelt sich um eine Fabel.
   Begründung: James Thurber verwendet Wölfe, Kaninchen und andere Tiere als Träger menschlicher Eigenschaften. Außerdem wird eine lehrhafte Moral am Ende der Geschichte formuliert.

5. **Text in Handlungs- und Sinnabschnitte einteilen, Überschriften finden und einzelne Abschnitte kurz zusammenfassen, dabei direkte Rede in indirekte Rede umformen.**

James Thurber (1894–1961)
Die Kaninchen, die an allem schuld waren (1967)

Es war einmal – selbst die jüngsten Kinder erinnern sich noch daran – eine Kaninchenfamilie, die unweit von einem Rudel Wölfe lebte. Die Wölfe erklärten immer wieder, dass ihnen die Lebensweise der Kaninchen ganz und gar nicht gefalle. (Von ihrer eigenen Lebensweise waren die Wölfe begeistert, denn das war die einzig richtige.)	Anfangsphase: Zusammenleben – Wölfe missbilligen Lebensweise der Kaninchen.
Eines Nachts fanden mehrere Wölfe bei einem Erdbeben den Tod, und die Schuld daran wurde den Kaninchen zugeschoben, die ja, wie jedermann weiß, mit ihren Hinterbeinen auf den Erdboden hämmern und dadurch Erdbeben verursachen.	Erdbeben: Wölfe weisen Kaninchen Schuld zu.
In einer anderen Nacht wurde einer der Wölfe vom Blitz erschlagen, und schuld daran waren wieder die Kaninchen, die ja, wie	Blitzschlag: Drohung der Wölfe

jedermann weiß, Salatfresser sind und dadurch Blitze verursachen. Die Wölfe drohten, die Kaninchen zu zivilisieren, wenn sie sich nicht besser benähmen, und die Kaninchen beschlossen, auf eine einsame Insel zu flüchten.	(Auswanderungsvorhaben der Kaninchen)
Die anderen Tiere aber, die weit entfernt wohnten, redeten den Kaninchen ins Gewissen. Sie sagten: „Ihr müsst eure Tapferkeit beweisen, indem ihr bleibt, wo ihr seid. Dies ist keine Welt für Ausreißer. Wenn die Wölfe euch angreifen, werden wir euch zu Hilfe eilen – höchstwahrscheinlich jedenfalls."	Hilfszusage der anderen Tiere
So lebten denn die Kaninchen weiterhin in der Nachbarschaft der Wölfe. Eines Tages kam eine schreckliche Überschwemmung, und viele Wölfe ertranken. Daran waren die Kaninchen schuld, die ja, wie jedermann weiß, Mohrrübenknabberer mit langen Ohren sind und dadurch Überschwemmungen verursachen. Die Wölfe fielen über die Kaninchen her – natürlich um ihnen zu helfen – und sperrten sie in eine finstere Höhle – natürlich um sie zu schützen.	Überschwemmung: Höhle/Vernichtung
Wochenlang hörte man nichts von den Kaninchen, und schließlich fragten die anderen Tiere bei den Wölfen an, was mit ihren Nachbarn geschehen sei. Die Wölfe erwiderten, die Kaninchen seien gefressen worden, und da sie gefressen worden seien, handle es sich um eine rein innere Angelegenheit. Die anderen Tiere drohten jedoch, sich unter Umständen gegen die Wölfe zusammenzuschließen, wenn die Vernichtung der Kaninchen nicht irgendwie begründet würde. Also gaben die Wölfe einen Grund an. „Sie versuchten auszureißen", sagten die Wölfe, „und wie ihr wisst, ist dies keine Welt für Ausreißer."	Rechtfertigung der Wölfe, Kaninchen hätten versucht zu fliehen
Moral: Laufe – nein, galoppiere schnurstracks zur nächsten einsamen Insel.	Lehre: Man soll schnell fliehen.

(Aus: 75 Fabeln für Zeitgenossen. Hamburg 1967, S. 5 f.)

6. Geeignete Leitfragen für die textimmanente Interpretation eines epischen Textes formulieren, wenn die Aufgabenstellung keine Leitfragen enthält.

1. Wie lassen sich Inhalt und Aussage zusammenfassen?
2. Wie lassen sich Wölfe, Kaninchen und andere Tiere in ihrem Verhältnis zueinander charakterisieren?
3. Gibt es Wörter, denen eine besondere Bedeutung zukommt („Schlüsselwörter")?
4. Welche Bedeutung spielen Raum und Zeit?
5. Aus welcher Perspektive wird erzählt?
6. Welche Bedeutung kommt dem Titel zu?
7. Wie sind Realitäts- und Aktualitätsbezug des Textes zu beurteilen?

7. Stoffsammlung zu den Leitfragen aus der Aufgabenstellung oder aus Arbeitsschritt 6 erstellen.

1. Leitfrage: Wie lassen sich Inhalt und Aussage zusammenfassen?
Vgl. Arbeitsschritte 3 und 5.

2. Leitfrage: Wie lassen sich Wölfe, Kaninchen und andere Tiere in ihrem Verhältnis zueinander charakterisieren?

Wölfe:
- sind brutal, verfolgen Kaninchen aufgrund anderer Lebensweise und vernichten sie schließlich,
- sind eingebildet, halten eigene Lebensweise für die einzig richtige,
- suchen immer neue Anlässe, um Repressionen zu legitimieren (Scheinlogik: Umweltkatastrophen werden typischen Eigenschaften der Kaninchen angelastet),
- sind schlau, wenn sie Argumente der anderen Tiere als Legitimation für Vernichtung der Kaninchen verwenden.

Kaninchen:
- als unschuldige Opfer,
- sind defensiv eingestellt, versuchen Aggressionen aus dem Weg zu gehen (Fluchtplan),
- sind vertrauensvoll, wenn sie anderen Tieren Glauben schenken.

andere Tiere:
ohne Zivilcourage, feige, halten nicht zu Kaninchen, beugen sich Macht der Wölfe.

3. **Leitfrage: Gibt es Wörter, denen eine besondere Bedeutung zukommt („Schlüsselwörter")?**
Fabel als Erzählung mit Bild- und Sachhälfte. Schlüsselwörter der Bildhälfte sind „Wölfe", „Kaninchen", „andere Tiere". Tiere in der Fabel tragen menschliche Eigenschaften. In diesem Sinne stehen die „Wölfe" auf der Sachhälfte ganz allgemein für Aggressoren, die ideologisch („Lebensweise") und mit Gewalt versuchen andere Menschen, auf der Bildhälfte stehen dafür die „Kaninchen", zu unterdrücken. Die anderen Tiere können für andere Menschen stehen, die sich aus Angst vor persönlichen Konsequenzen zurückhalten und nur verbal Hilfe in Aussicht stellen.

4. **Leitfrage: Welche Bedeutung spielen Raum und Zeit?**
Das Fehlen genauer Zeitangaben („Es war einmal [...]", Z. 1) und Ortsangaben deutet auch darauf hin, dass die Aussage Allgemeingültigkeit beansprucht.

5. **Leitfrage: Aus welcher Perspektive wird erzählt?**
Die Erzählperspektive ist auktorial, es finden sich zahlreiche ironische Kommentare des Erzählers (z. B. Z. 4 f.). Die Moral ist als Wertung des Erzählers und als direkte Aufforderung an den Leser zu verstehen, nicht auf Hilfszusagen zu vertrauen.

6. **Leitfrage: Welche Bedeutung kommt dem Titel zu?**
Der Titel lastet Kaninchen auf den ersten Blick sogar die Schuld an der eigenen Vernichtung an. Der Erzähler verstärkt mit diesem ironisch gemeinten Titel nicht nur die Anklage gegen den Aggressor, sondern auch gegen diejenigen, die nicht helfen.

7. **Leitfrage: Wie sind Realitäts- und Aktualitätsbezug des Textes zu beurteilen?**
Historischer Bezug: nationalsozialistische Diktatur, die mit Scheinlogik (Rassenlehre) Verfolgung und Vernichtung von Minderheiten, vor allem von Juden, legitimiert. Andere Länder, z. B. die Schweiz, haben Juden nicht geholfen, obgleich die Pogrome bekannt waren.
Aktueller Bezug: überall dort, wo Minderheiten verfolgt werden und von Mitmenschen keine Hilfe bekommen. Thema auch in Max Frischs *Andorra* literarisch gestaltet.

8. Gliederung des Aufsatzes entwerfen.

A. Einleitung
Titel, Autor, literarische Gattung, Thema

B. Hauptteil
- I. Inhalt
- II. Charakterisierung
- III. Schlüsselwörter
- IV. Raum, Zeit, Erzählperspektive
- V. Historischer Bezug

C. Schluss
Aktualitätsbezug

9. Ausarbeitung des Aufsatzes formulieren.

A. Einleitung
In der Fabel *Die Kaninchen, die an allem schuld waren* von James Thurber wird die Geschichte von der Verfolgung einer Kaninchenfamilie durch ein Rudel Wölfe erzählt. Die Kaninchen werden trotz der Hilfszusagen der anderen Tiere am Ende vernichtet.

B. Hauptteil

I. Inhalt
Die Verfolgung und Vernichtung geschieht in mehreren Phasen: Zu Anfang missbilligen die Wölfe die Lebensweise der Kaninchen. Nach einem Erdbeben weisen sie den Kaninchen die Schuld an der Naturkatastrophe zu. Auch für den Blitzschlag, der einen Wolf tötet, seien sie verantwortlich. Die Kaninchen reagieren auf die Drohung der Wölfe mit dem Beschluss auszuwandern. Dieser Beschluss wird aber nicht in die Tat umgesetzt, da die anderen Tiere ihnen versprechen, sie aller Wahrscheinlichkeit nach vor den Wölfen zu schützen. Nach einer Überschwemmung werden die Kaninchen schließlich von den Wölfen getötet. Vor den anderen Tieren rechtfertigen sich die Wölfe für diese Tat damit, dass die Kaninchen zu fliehen versucht hätten. Am Ende der Fabel erteilt der Erzähler den Rat, man solle sich schnell auf eine einsame Insel retten.

II. Charakerisierung
Wenn man die beteiligten Tiere einmal in ihrem Verhältnis zueinander charakterisiert, so fällt auf, dass sie typenhaft beschrieben werden: Die Wölfe werden als brutal dargestellt, sie haben eine faschistoide Weltan-

schauung, wenn sie ihre eigene Lebensweise für die beste halten. Da ihnen die Lebensweise der Kaninchen nicht gefällt, streben sie danach, sie zu vernichten. Diese Vernichtung kann nur mit scheinlogischen Argumenten kaschiert werden, indem die typischen Eigenarten der von ihnen abgelehnten Lebensweise zu den Auslösern von Umweltkatastrophen gemacht werden. Außerdem werden die Wölfe als machtbewusst und schlau beschrieben, wenn sie die Argumente der anderen Tiere als Legitimation für die Vernichtung verwenden.
Die Kaninchen dagegen lassen sich als unschuldige Opfer beschreiben. Sie sind defensiv eingestellt und versuchen den Aggressionen aus dem Weg zu gehen. Ihr Vertrauen in die Hilfszusage der anderen Tiere wird allerdings enttäuscht.
Auf die anderen Tiere fällt ein ähnlich negatives Licht wie auf die Wölfe: Sie beschränken sich nur auf verbale Hilfszusagen und Drohungen, scheuen in Wirklichkeit aber die Konfrontation mit den Wölfen. Dieser Umstand wird an einschränkenden Formulierungen wie z. B. „höchstwahrscheinlich jedenfalls" (Z. 16) und „unter Umständen" (Z. 27) deutlich.

III. Schlüsselwörter

„Wölfe", „Kaninchen" und „andere Tiere" sind auch die Schlüsselwörter, die die Bildhälfte der Fabel bestimmen. Sie stehen als Träger menschlicher Eigenschaften für jeweils unterschiedliche menschliche Verhaltensweisen. So lassen sich die Wölfe ganz allgemein als machtorientierte Aggressoren sehen, die ideologisch und gewaltsam Anderslebende, in der Fabel werden sie von den Kaninchen verkörpert, unterdrücken. Diese Unterdrückung führt über gesellschaftliche Stigmatisierung und Ausgrenzung sogar zur Vernichtung der unerwünschten Minderheit. Die anderen Tiere können auf der Sachhälfte für solche Menschen stehen, die nur verbalen Beistand leisten, zu tatkräftigem und couragiertem Eingreifen aber aus Angst vor persönlichen Konsequenzen nicht bereit sind.

IV. Raum, Zeit, Erzählperspektive

Die Fabel verzichtet darauf anzugeben, wann sich die erzählte Geschichte zugetragen hat. Wie ein Märchen beginnt sie nur mit dem unbestimmten Satz „Es war einmal (...)" (Z. 1). Dieser Verzicht auf eine genaue Zeitangabe lässt sich so deuten, dass das dargestellte Ereignis zu jeder Zeit hätte passieren können und weiterhin passieren könnte. Dass der Erzähler seine Lehre auch in der Gegenwart für gültig hält, kommt in der direkten Aufforderung zum Ausdruck, man solle möglichst schnell auf eine einsame Insel fliehen. Mit zahlreichen ironischen Wendungen (vgl. z. B. Z. 4 f.) kommentiert der auktoriale Erzähler seine Geschichte und vor allem die in ihr beschriebenen Verhaltensweisen. Auch der Titel, der auf den ersten Blick den Kaninchen alle Schuld, also auch die an ihrer Vernichtung, anlastet, ist ironisch gemeint. Die ironischen Kommentare verstärken die Kritik des Erzählers nicht nur an Unterdrückung und Vernichtung, sondern auch an dem passiven Verhalten der anderen Menschen.

V. Historischer Bezug

Wollte man die Fabel historisch deuten, so würde man wohl unweigerlich an die Verhältnisse in der nationalsozialistischen Diktatur denken. Die Nationalsozialisten unterdrückten und töteten Minderheiten, vor allem Juden, und rechtfertigten die Unterdrückung vor der Bevölkerung und dem Ausland mit eben der gleichen Scheinlogik wie in der Fabel, nämlich mit ihrer Rassenlehre. Von zahlreichen europäischen Ländern ist bekannt, dass sie Juden auf der Flucht die Einreise verweigerten, obgleich sie wussten, was mit ihnen im „3. Reich" geschieht. Mit den anderen Tieren in der Fabel könnten aber auch Deutsche gemeint sein, die aus Angst vor den persönlichen Folgen den Verfolgten nicht geholfen haben.

C. Schluss

Der Wert literarischer Texte besteht auch in ihrer Zeitlosigkeit. Aus diesem Grund wird der oben formulierte historische Interpretationsansatz nicht die einzige Interpretationsmöglichkeit dieser Fabel sein. Ihre resignativ stimmende Lehre sollte für uns heute der Appell sein immer dort einzugreifen, wo wir auch in der heutigen Zeit solcher Unterdrückung gewahr werden.

10. Aufsatz nochmals durchlesen, auf Rechtschreibung, Zeichensetzung und gute Verständlichkeit des Ausdrucks achten.

Textverweis

Üben Sie die Fabel- und Parabelinterpretation in Ü 1 und Ü 2!

1.1.5 Ausführung der Arbeitsschritte bei der Kurzgeschichte

Aufgabe

Arbeitsaufgabe:

Fassen Sie den Inhalt der Geschichte zusammen und entwickeln Sie die Aussage! Untersuchen Sie, wie Erzählweise und sprachliche Gestaltung diese Aussage unterstützen! Deuten Sie das Ende der Geschichte!

Info

Wolfgang Borchert, geboren 1921 in Hamburg, gestorben 1947 in Basel
Schauspieler und Soldat
Drama: *Draußen vor der Tür* (1947), Erzählungen, z. B. *Die Hundeblume* (1947)

Wolfgang Borchert (1921–1947)
***Nachts schlafen die Ratten doch* (1949)**

Lesetext

Das hohle Fenster in der vereinsamten Mauer gähnte blaurot voll früher Abendsonne. Staubgewölke flimmerte zwischen den steilgereckten Schornsteinresten. Die Schuttwüste döste.

Er hatte die Augen zu. Mit einmal wurde es noch dunkler. Er merkte, dass jemand gekommen war und nun vor ihm stand, dunkel, leise. Jetzt haben sie mich! dachte er. Aber als er ein bisschen blinzelte, sah er nur zwei etwas ärmlich behoste Beine. Die standen ziemlich krumm vor ihm, dass er zwischen ihnen hindurchgehen konnte. Er riskierte ein kleines Geblinzel an den Hosenbeinen hoch und erkannte einen älteren Mann. Der hatte ein Messer und einen Korb in der Hand. Und etwas Erde an den Fingerspitzen.

Du schläfst hier wohl, was? fragte der Mann und sah von oben auf das Haargestrüpp herunter. Jürgen blinzelte zwischen den Beinen des Mannes hindurch in die Sonne und sagte: Nein, ich schlafe nicht. Ich muss hier aufpassen. Der Mann nickte: So, dafür hast du wohl den großen Stock da?

Ja, antwortete Jürgen mutig und hielt den Stock fest.

Worauf passt du denn auf?

Das kann ich nicht sagen. Er hielt die Hände fest um den Stock.

Wohl auf Geld, was? Der Mann setzte den Korb ab und wischte das Messer an seinem Hosenboden hin und her.

Nein, auf Geld überhaupt nicht, sagte Jürgen verächtlich. Auf ganz etwas anderes.

Na, was denn?

Ich kann es nicht sagen. Was anderes eben.

Na, denn nicht. Dann sage ich dir natürlich auch nicht, was ich hier im Korb habe. Der Mann stieß mit dem Fuß an den Korb und klappte das Messer zu.

Pah, kann mir denken, was in dem Korb ist, meinte Jürgen geringschätzig, Kaninchenfutter.

Donnerwetter, ja! sagte der Mann verwundert, bist ja ein fixer Kerl. Wie alt bist du denn?

Neun.

Oha, denk mal an, neun also. Dann weißt du ja auch, wieviel drei mal neun sind, wie?

Klar, sagte Jürgen, und um Zeit zu gewinnen, sagte er noch: Das ist ja ganz leicht. Und er sah durch die Beine des Mannes hindurch. Dreimal neun, nicht? fragte er noch einmal, siebenundzwanzig. Das wusste ich gleich.

Stimmt, sagte der Mann, und genau so viel Kaninchen habe ich.

Jürgen machte einen runden Mund: Siebenundzwanzig?

Du kannst sie sehen. Viele sind noch ganz jung. Willst du?

Ich kann doch nicht. Ich muss doch aufpassen, sagte Jürgen unsicher.

Immerzu? fragte der Mann, nachts auch?

Nachts auch. Immerzu. Immer. Jürgen sah an den krummen Beinen hoch. Seit Sonnabend schon, flüsterte er.

Aber gehst du denn gar nicht nach Hause? Du musst doch essen.

Jürgen hob einen Stein hoch. Da lag ein halbes Brot und eine Blechschachtel.
Du rauchst? fragte der Mann, hast du denn eine Pfeife?
Jürgen fasste seinen Stock fest an und sagte zaghaft: Ich drehe. Pfeife mag ich nicht.
Schade, der Mann bückte sich zu seinem Korb, die Kaninchen hättest du ruhig mal ansehen können. Vor allem die Jungen. Vielleicht hättest du dir eines ausgesucht. Aber du kannst hier ja nicht weg.
Nein, sagte Jürgen traurig, nein, nein.
Der Mann nahm den Korb hoch und richtete sich auf. Na ja, wenn du hierbleiben musst – schade. Und er drehte sich um.
Wenn du mich nicht verrätst, sagte Jürgen da schnell, es ist wegen den Ratten.
Die krummen Beine kamen einen Schritt zurück: Wegen den Ratten?
Ja, die essen doch von Toten, von Menschen. Da leben sie doch von.
Wer sagt das?
Unser Lehrer.
Und du passt nun auf die Ratten auf? fragte der Mann.
Auf die doch nicht! Und dann sagte er ganz leise: Mein Bruder, der liegt nämlich da unten. Da. Jürgen zeigte mit dem Stock auf die zusammengesackten Mauern. Unser Haus kriegte eine Bombe. Mit einmal war das Licht weg im Keller. Und er auch. Wir haben noch gerufen. Er war viel kleiner als ich. Erst vier. Er muss hier ja noch sein. Er ist doch viel kleiner als ich.
Der Mann sah von oben auf das Haargestrüpp. Aber dann sagte er plötzlich: Ja, hat euer Lehrer euch denn nicht gesagt, dass die Ratten nachts schlafen?
Nein, flüsterte Jürgen und sah mit einmal ganz müde aus, das hat er nicht gesagt.
Na, sagte der Mann, das ist aber ein Lehrer, wenn er das nicht mal weiß. Nachts schlafen die Ratten doch, nachts kannst du ruhig nach Hause gehen. Nachts schlafen sie immer. Wenn es dunkel wird, schon.
Jürgen machte mit seinem Stock kleine Kuhlen in den Schutt. Lauter kleine Betten sind das, dachte er, alles kleine Betten.
Da sagte der Mann (und seine krummen Beine waren ganz unruhig dabei): Weißt du was? Jetzt füttere ich schnell meine Kaninchen, und wenn es dunkel wird, hole ich dich ab. Vielleicht kann ich eins mitbringen. Ein kleines oder, was meinst du?
Jürgen machte kleine Kuhlen in den Schutt. Lauter kleine Kaninchen. Weiße, graue, weißgraue. Ich weiß nicht, sagte er leise und sah auf die krummen Beine, wenn sie wirklich nachts schlafen.
Der Mann stieg über die Mauerreste weg auf die Straße. Natürlich, sagte er von da, euer Lehrer soll einpacken, wenn er das nicht mal weiß.
Da stand Jürgen auf und fragte: Wenn ich eins kriegen kann? Ein weißes vielleicht?
Ich will mal versuchen, rief der Mann schon im Weggehen, aber du musst hier so lange warten. Ich gehe dann mit dir nach Hause, weißt du? Ich muss deinem Vater doch sagen, wie so ein Kaninchenstall gebaut wird. Denn das müsst ihr ja wissen.
Ja, rief Jürgen, ich warte. Ich muss ja noch aufpassen, bis es dunkel wird. Ich warte bestimmt. Und er rief: Wir haben auch noch Bretter zu Hause.
Kistenbretter, rief er.

Aber das hörte der Mann schon nicht mehr. Er lief mit seinen krummen Beinen auf die Sonne zu, die war schon rot vom Abend, und Jürgen konnte sehen, wie sie durch die Beine hindurchschien, so krumm waren sie. Und der Korb schwenkte aufgeregt hin und her. Kaninchenfutter war da drin. Grünes Kaninchenfutter, das war etwas grau vom Schutt.

(Aus: Das Gesamtwerk. Hamburg 1982, S. 216–219)

Lösungsvorschlag:

Lösung

1. **Text mehrmals genau lesen, unbekannte Wörter klären.**

2. **Thema des Textes in einem Satz oder in zwei Sätzen zusammenfassen.**
   Die Geschichte handelt von der Begegnung zwischen einem neunjährigen Jungen, der seinen toten Bruder vor Ratten schützen möchte, und einem älteren Mann, der Kaninchen züchtet.

3. **Intention (Absicht) des Autors feststellen und notieren.**
   Borchert erzählt ein Ereignis, das sich in einer nicht näher bestimmten Stadt während der Kriegs- oder Nachkriegszeit zuträgt. Deutlich zum Ausdruck kommt der Zwiespalt zwischen Tod und Zerstörung auf der einen und dem Leben auf der anderen Seite. Das von dem Mann geweckte Interesse des Jungen an Kaninchen könnte auf einen optimistischen Appell Borcherts hindeuten, sich trotz der gegenwärtigen Zerstörungen dem Leben zuzuwenden.

4. **Literarische Gattung bestimmen.**
   Es handelt sich um eine Kurzgeschichte.
   Begründung: Sie blendet sich gleichsam ein und erzählt die Begegnung der beiden Hauptfiguren straff, linear und mit dem Blick auf das Ende hin, das zu Deutungen Anlass geben kann. Der Stoff entstammt der Alltagswirklichkeit einer Kriegs- oder Nachkriegszeit.

5. **Text in Handlungs- und Sinnabschnitte einteilen, Überschriften finden und einzelne Abschnitte kurz zusammenfassen, dabei direkte Rede in indirekte Rede umformen.**

Wolfgang Borchert (1921–1947)
***Nachts schlafen die Ratten doch* (1949)**

Das hohle Fenster in der vereinsamten Mauer gähnte blaurot voll früher Abendsonne. Staubge-	Beschreibung einer zerstörten Stadt

wölke flimmerte zwischen den steilgereckten Schornsteinresten. Die Schuttwüste döste.
Er hatte die Augen zu. Mit einmal wurde es noch dunkler. Er merkte, dass jemand gekommen war und nun vor ihm stand, dunkel, leise. Jetzt haben sie mich! dachte er. Aber als er ein bisschen blinzelte, sah er nur zwei etwas ärmlich behoste Beine. Die standen ziemlich krumm vor ihm, dass er zwischen ihnen hindurchgehen konnte. Er riskierte ein kleines Geblinzel an den Hosenbeinen hoch und erkannte einen älteren Mann. Der hatte ein Messer und einen Korb in der Hand. Und etwas Erde an den Fingerspitzen.

Einblendung: Begegnung Jürgens mit einem älteren Mann

Du schläfst hier wohl, was? fragte der Mann und sah von oben auf das Haargestrüpp herunter. Jürgen blinzelte zwischen den Beinen des Mannes hindurch in die Sonne und sagte: Nein, ich schlafe nicht. Ich muss hier aufpassen. Der Mann nickte: So, dafür hast du wohl den großen Stock da?
Ja, antwortete Jürgen mutig und hielt den Stock fest.
Worauf passt du denn auf?
Das kann ich nicht sagen. Er hielt die Hände fest um den Stock.
Wohl auf Geld, was? Der Mann setzte den Korb ab und wischte das Messer an seinem Hosenboden hin und her.
Nein, auf Geld überhaupt nicht, sagte Jürgen verächtlich. Auf ganz etwas anderes.
Na, was denn?
Ich kann es nicht sagen. Was anderes eben.
Na, denn nicht. Dann sage ich dir natürlich auch nicht, was ich hier im Korb habe. Der Mann stieß mit dem Fuß an den Korb und klappte das Messer zu.

Grund des Aufenthaltes?: 5 Fragen des Mannes zum Grund des Aufenthaltes von Jürgen. Wahrer Grund geht aus Antworten nicht hervor.

Pah, kann mir denken, was in dem Korb ist, meinte Jürgen geringschätzig, Kaninchenfutter.
Donnerwetter, ja! sagte der Mann verwundert, bist ja ein fixer Kerl. Wie alt bist du denn?
Neun.
Oha, denk mal an, neun also. Dann weißt du ja auch, wieviel drei mal neun sind, wie?

Kaninchenzucht: Älterer Mann habe 27 Kaninchen.

Klar, sagte Jürgen, und um Zeit zu gewinnen, sagte er noch: Das ist ja ganz leicht. Und er sah durch die Beine des Mannes hindurch. Dreimal neun, nicht? fragte er noch einmal, siebenundzwanzig. Das wusste ich gleich.
Stimmt, sagte der Mann, und genau so viel Kaninchen habe ich.
Jürgen machte einen runden Mund: Siebenundzwanzig?
Du kannst sie sehen. Viele sind noch ganz jung. Willst du?
Ich kann doch nicht. Ich muss doch aufpassen, sagte Jürgen unsicher.
Immerzu? fragte der Mann, nachts auch?
Nachts auch. Immerzu. Immer. Jürgen sah an den krummen Beinen hoch. Seit Sonnabend schon, flüsterte er.
Aber gehst du denn gar nicht nach Hause? Du musst doch essen.
Jürgen hob einen Stein hoch. Da lag ein halbes Brot und eine Blechschachtel.
Du rauchst? fragte der Mann, hast du denn eine Pfeife?
Jürgen fasste seinen Stock fest an und sagte zaghaft: Ich drehe. Pfeife mag ich nicht.
Schade, der Mann bückte sich zu seinem Korb, die Kaninchen hättest du ruhig mal ansehen können. Vor allem die Jungen. Vielleicht hättest du dir eines ausgesucht. Aber du kannst hier ja nicht weg.
Nein, sagte Jürgen traurig, nein, nein.
Der Mann nahm den Korb hoch und richtete sich auf. Na ja, wenn du hierbleiben musst – schade. Und er drehte sich um.
Wenn du mich nicht verrätst, sagte Jürgen da schnell, es ist wegen den Ratten.
Die krummen Beine kamen einen Schritt zurück: Wegen den Ratten?
Ja, die essen doch von Toten, von Menschen. Da leben sie doch von.
Wer sagt das?
Unser Lehrer.

Interesse Jürgens geweckt
Angebot, sie sehen zu dürfen, schlägt Jürgen aus; er meint, dass er aufpassen müsse.

Weigerung Jürgens bewirkt Aufbruch des Mannes, Gefahr des Scheiterns des Gesprächs.

Geständnis: Jürgen offenbart, dass er aufpasse, dass Ratten seinem toten Bruder, der im Schutt des Hauses liegen soll, nichts antun.

Und du passt nun auf die Ratten auf? fragte der Mann.
Auf die doch nicht! Und dann sagte er ganz leise: Mein Bruder, der liegt nämlich da unten. Da. Jürgen zeigte mit dem Stock auf die zusammengesackten Mauern. Unser Haus kriegte eine Bombe. Mit einmal war das Licht weg im Keller. Und er auch. Wir haben noch gerufen. Er war viel kleiner als ich. Erst vier. Er muss hier ja noch sein. Er ist doch viel kleiner als ich.
Der Mann sah von oben auf das Haargestrüpp. Aber dann sagte er plötzlich: Ja, hat euer Lehrer euch denn nicht gesagt, dass die Ratten nachts schlafen?
Nein, flüsterte Jürgen und sah mit einmal ganz müde aus, das hat er nicht gesagt.
Na, sagte der Mann, das ist aber ein Lehrer, wenn er das nicht mal weiß. Nachts schlafen die Ratten doch, nachts kannst du ruhig nach Hause gehen. Nachts schlafen sie immer. Wenn es dunkel wird, schon.

Entgegnung des Mannes, Ratten würden nachts schlafen

Jürgen machte mit seinem Stock kleine Kuhlen in den Schutt. Lauter kleine Betten sind das, dachte er, alles kleine Betten.
Da sagte der Mann (und seine krummen Beine waren ganz unruhig dabei): Weißt du was? Jetzt füttere ich schnell meine Kaninchen, und wenn es dunkel wird, hole ich dich ab. Vielleicht kann ich eins mitbringen. Ein kleines oder, was meinst du?
Jürgen machte kleine Kuhlen in den Schutt. Lauter kleine Kaninchen. Weiße, graue, weißgraue. Ich weiß nicht, sagte er leise und sah auf die krummen Beine, wenn sie wirklich nachts schlafen.

Entgegnung überzeugt Jürgen, er will jetzt auch ein weißes Kaninchen.

Der Mann stieg über die Mauerreste weg auf die Straße. Natürlich, sagte er von da, euer Lehrer soll einpacken, wenn er das nicht mal weiß.
Da stand Jürgen auf und fragte: Wenn ich eins kriegen kann? Ein weißes vielleicht?
Ich will mal versuchen, rief der Mann schon im Weggehen, aber du musst hier so lange warten. Ich

Schluss: Abschied des Mannes und sein Versprechen

gehe dann mit dir nach Hause, weißt du? Ich muss deinem Vater doch sagen, wie so ein Kaninchenstall gebaut wird. Denn das müsst ihr ja wissen.
Ja, rief Jürgen, ich warte. Ich muss ja noch aufpassen, bis es dunkel wird. Ich warte bestimmt. Und er rief: Wir haben auch noch Bretter zu Hause. Kistenbretter, rief er.
Aber das hörte der Mann schon nicht mehr. Er lief mit seinen krummen Beinen auf die Sonne zu, die war schon rot vom Abend, und Jürgen konnte sehen, wie sie durch die Beine hindurchschien, so krumm waren sie. Und der Korb schwenkte aufgeregt hin und her. Kaninchenfutter war da drin. Grünes Kaninchenfutter, das war etwas grau vom Schutt.

mit Kaninchen zurückzukommen und mit Jürgen zu dessen Eltern zu gehen, um ihnen beim Bau eines Stalles behilflich zu sein

(Aus: Das Gesamtwerk. Hamburg 1982, S. 216–219)

6. Geeignete Leitfragen für die textimmanente Interpretation eines epischen Textes formulieren, wenn die Aufgabenstellung keine Leitfragen enthält.
Die Aufgabenstellung enthält bereits die drei Leitfragen:

1. Fassen Sie den Inhalt der Geschichte zusammen und entwickeln Sie die Aussage!
2. Untersuchen Sie, wie Erzählweise und sprachliche Gestaltung diese Aussage unterstützen!
3. Deuten Sie das Ende der Geschichte!

7. Stoffsammlung zu den Leitfragen aus der Aufgabenstellung oder aus Arbeitsschritt 6 erstellen.

1. Leitfrage: Fassen Sie den Inhalt der Geschichte zusammen und entwickeln Sie die Aussage!
Vgl. Arbeitsschritte 3 und 5.

2. Leitfrage: Untersuchen Sie, wie Erzählweise und sprachliche Gestaltung diese Aussage unterstützen!
Erzählweise:
personale Erzählperspektive, überwiegend aus der Sicht Jürgens; dadurch: eindringliche Beschreibung der Lebensbedingungen in einer zerstörten Stadt aus der Sicht eines Kindes, Steigerung der Unmittelbarkeit, Verstärkung des optimistischen Schlussappells.

Sprachliche und formale Mittel:
dienen zumeist der kontrastierenden Darstellung von Tod/Vernichtung und Leben.

Sprachliche und formale Mittel	Zitat und Belegstelle	Zitat und Belegstelle
Metapher	„kleine Kuhlen“ (Z. 67)	als Betten gedeutet (vgl. Z. 68): Assoziation mit Grab/Tod als Kaninchen gedeutet (vgl. Z. 72): Assoziation mit Leben/Fruchtbarkeit
Metapher	Wiederholung „Ratten“ (fünfmal), „Kaninchen“ (achtmal)	Ratten stehen für Tod, treten beim Tod eines Lebewesens auf (direkte Verbindung in Z. 52) Kaninchen stehen dagegen für das Lebendige, Lebensfrohe Schlüsselwörter, die Assoziationen ermöglichen und Kontrastwirkung erzielen
Personifizierung, umgangssprachlicher Ausdruck	„Die Schuttwüste döste“ (Z. 2 f.)	„dösen“ als unaufmerksames Vor-sich-hin-Starren, Einsamkeit des Individuums hervorgehoben
Farbsymbole	„weiß“ (Z. 77)	Weiß als Farbe des Lichts kündigt neues Leben an.
	„blaurot“ (Z. 1)	Blau als Farbe der Trauer Rot als Farbe des Lebens: Abschied und Neuanfang angekündigt; Neuanfang überwiegt am Ende (vgl. Z. 85).

	„rot" (Z. 85)	Rot als Farbe des Lebens (in Verbindung mit dem Lebenssymbol „Sonne", die zwar untergeht, aber dadurch neues Leben schafft.)
	„grün" (Z. 87)	Farbe des Lebens, am Ende überwiegt der Lebenswille, auch wenn Zerstörung („etwas grau" in Z. 87 f.) noch dabei ist.
	„etwas grau" (Z. 87 f.)	im Kontext mit Schutt, also mit Zerstörung, assoziiert
Attribute	„hohle Fenster" (Z. 1) „vereinsamte Mauern" (Z. 1), „steilgereckte( ) Schornsteinreste( )" (Z. 2)	Verstärkung des Eindrucks von Vernichtung, Armut und Vereinzelung
adverbial gebrauchte Adjektive (Antiklimax)	„mutig" (Z. 15), „verächtlich" (Z. 20), „geringschätzig" (Z. 25), „unsicher" (Z. 36), „zaghaft" (Z. 43), „traurig" (Z. 47)	schrittweise Näherung an die Grundstimmung des Jungen; Aufgabe erfordert zwar Mut, die unnatürliche Beschäftigung macht ihn aber traurig, er möchte am Leben teilhaben (Kontrast vgl. Z. 47 f.).
Wiederholung	„rief" (Z. 81–83)	Aufregung verdeutlicht Begeisterung über neu gewonnene Lebensperspektive.
einfache Syntax, meist parataktische Fügungen, unvollständige Sätze	z. B. „Unser Lehrer" (Z. 54)	Sprache hat es „eilig", Alltagssprache, Erhöhung des Realitätseindrucks

3. **Leitfrage: Deuten Sie das Ende der Geschichte!**
Abschied des Mannes lässt Frage offen, ob Jürgen geholfen wird; Andeutungen, die optimistisch stimmen, sind z. B. ab Z. 85 zahlreiche Symbole, die mit Leben in Verbindung gebracht werden können („rot", „Sonne", „Kaninchen", grün").
Zukunftsperspektive: Mann will Kontakt zu Eltern des Jungen aufnehmen und ihnen beim Stallbau helfen; deutbar als Zeichen der Solidarität in Notzeiten, Menschen halten zusammen und arbeiten miteinander, um Notsituation zu überwinden.
Kurzgeschichte aufgrund ihrer „Lehre" fast als Parabel zu verstehen; Allgemeingültigkeit: vorbildhaftes Verhalten des Mannes als Appell sich in Notsituationen gegenseitig zu helfen; aktuelle Deutung: bei Naturkatastrophen Spendenaufrufe und tatkräftige Aufbauhilfe, Aufnahme von Flüchtlingen aus Kriegsgebieten.

8. **Gliederung des Aufsatzes entwerfen.**

A. Einleitung
Autor, Titel, literarische Gattung, Thema

B. Hauptteil
I. Inhalt
II. Aussage
III. Erzählweise und sprachliche Gestaltung
IV. Interpretation des Schlusses

C. Schluss
Aktualität der Kurzgeschichte

9. **Ausarbeitung des Aufsatzes formulieren.**

A. Einleitung
Die Kurzgeschichte *Nachts schlafen die Ratten doch* von Wolfgang Borchert handelt von der Begegnung zwischen einem neunjährigen Jungen, der seinen toten Bruder vor Ratten schützen möchte, und einem älteren Mann, der Kaninchen züchtet.

B. Hauptteil

I. Inhalt
In einer vom Krieg zerstörten Stadt begegnet der ältere Mann Jürgen, der mit einem Stock in der Hand vor einem von einer Bombe getroffenen Haus steht. Zunächst versucht der Mann herauszubekommen, was Jür-

gen an dieser Stelle mache. Jürgen wehrt alle Fragen ab und meint, er könne ihm keine Auskunft darüber geben. Dann teilt der Mann Jürgen mit, dass er in seinem Korb Kaninchenfutter habe, das er seinen 27 Kaninchen bringen wolle. Jürgens Interesse ist nun zwar geweckt, das Angebot, die Kaninchen sehen zu dürfen, schlägt er jedoch wieder mit der Begründung aus, dass er aufpassen müsse.

Die erneute Weigerung Jürgens veranlasst den Mann zum Aufbruch. Da offenbart ihm Jürgen, dass er darauf Acht gebe, dass Ratten seinem toten Bruder, der im Schutt des Hauses liegen soll, nichts antun. Der Mann entgegnet darauf, dass Ratten doch nachts schliefen und dass Jürgen daher ohne weiteres nach Hause gehen könnte.

Diese Nachricht überzeugt Jürgen; am Ende der Geschichte geht er auf das Angebot des Mannes ein sich von ihm nach Hause bringen zu lassen, wenn die Dunkelheit einbricht. Der Mann verabschiedet sich mit dem Versprechen in kurzer Zeit mit einem weißen Kaninchen für Jürgen zurückzukommen und mit dem Jungen nach Hause zu gehen, um den Eltern beim Bau eines Stalls zu helfen.

II. Aussage

Wolfgang Borchert erzählt ein Ereignis, das sich in einer nicht näher bestimmten Stadt während der Kriegs- oder Nachkriegszeit zuträgt. Deutlich zum Ausdruck kommt der Zwiespalt zwischen Tod und Zerstörung auf der einen und dem Leben auf der anderen Seite. Das von dem Mann geweckte Interesse des Jungen an Kaninchen könnte auf einen optimistischen Appell Borcherts hindeuten, sich trotz der gegenwärtigen Zerstörungen dem Leben zuzuwenden.

III. Erzählweise und sprachliche Gestaltung

Der Verwirklichung dieser Intention dienen auch die zum Einsatz kommenden sprachlichen Mittel und die Erzählweise. Die Kurzgeschichte ist aus der personalen Erzählperspektive geschrieben, sie bedient sich überwiegend der Sichtweise des kleinen Jungen. Dadurch wird aus der Sicht eines Kindes eine eindringliche Beschreibung der Lebensverhältnisse in einer zerstörten Stadt erreicht, diese Eindringlichkeit resultiert auch aus der Verwendung bestimmter Attribute, z. B. in „hohle Fenster" (Z. 1) oder „ärmlich behoste Beine" (Z. 6). Die personale Erzählweise bewirkt zusammen mit einer Sprache, die durch einfache, meist parataktische Fügungen (vgl. Z. 53) und Wiederholungen (vgl. Z. 81–83) den Eindruck von Eile erzeugt, eine direkte, distanzlose Darstellung der Realität und verstärkt dadurch auch die Wirkung des optimistisch anmutenden Endes.

Der Dualismus von Tod und Leben kommt bei der Betrachtung der sprachlichen Mittel zum Ausdruck: die Metapher „kleine Kuhlen" (Z. 67) wird in Zeile 67 zunächst mit Grab und Tod assoziiert, in Zeile 72 steht sie

dann in Verbindung mit „Kaninchen" für Leben und Fruchtbarkeit. Ratten und Kaninchen werden gleichfalls in Verbindung mit Tod und Leben gebracht. Der Text ordnet die Ratten in Zeile 52 direkt dem Tod eines Lebewesens zu, dagegen stehen die Kaninchen nicht nur traditionell, sondern auch im Kontext von *Nachts schlafen die Ratten doch* für Fruchtbarkeit und Lebensfreude. Die häufige Wiederholung dieser beiden Tierarten im Sinne kontrastierender Schlüsselworte ist ein auffälliges sprachliches Merkmal der Kurzgeschichte.
Zu diesen Schlüsselworten tritt eine ausgeprägte Farbsymbolik: Zu Beginn der Geschichte wird durch Personifizierung und Umgangssprache die Vereinsamung des Individuums in der zerstörten Stadt verdeutlicht: „Das hohle Fenster in der vereinsamten Mauer gähnte blaurot voll früher Abendsonne. (...) Die Schuttwüste döste" (Z. 1–3). „Blaurot" ist zusammengesetzt aus der Farbe Blau, die allgemein als Farbe der Trauer gilt, und der Farbe Rot, die für das Leben stehen kann. In dieser Metapher kündigt somit die Verwendung der Farben Abschied und Neuanfang an. Am Ende der Geschichte überwiegt das Rot der Sonne (vgl. Z. 85), das heißt, dass das Leben sich gegenüber dem Tod und der Vernichtung durchgesetzt hat. Die Sonne als Lebenssymbol lässt zusätzlich die Vermutung zu, dass das Ende der Geschichte von einer optimistischen Zukunftsperspektive bestimmt wird, auch wenn das grüne Kaninchenfutter – grün steht gleichfalls für das Leben – „etwas grau vom Schutt" (Z. 87 f.) ist. Die hinter dieser Symbolik zu formulierende Aussage lautet: Zerstörung lässt sich nicht aus dem Leben verbannen, aber die Lebensfreude soll überwiegen.

IV. Interpretation des Schlusses

Der Abschied des Mannes am Ende der Kurzgeschichte lässt die Frage offen, ob Jürgen geholfen wird; Andeutungen, die optimistisch stimmen, sind die ab Z. 85 gehäuft auftretenden Farbsymbole „rot" (Z. 85) und „grün" (Z. 87), aber auch die Metaphern „Kaninchenfutter" (Z. 87) und „Sonne" (Z. 85), die allesamt mit Leben in Verbindung gebracht werden können.
Auch die in Z. 77–80 formulierte Zukunftsperspektive lässt den Schluss zu, dass der Junge aus seiner Lage befreit wird. Der ältere Mann will Kontakt zu den Eltern des Jungen aufnehmen und ihnen beim Stallbau helfen; dieses Angebot ist auch als Zeichen der Solidarität in Notzeiten deutbar; die Menschen halten zusammen und arbeiten miteinander, um Notsituation zu überwinden.

C. Schluss

Der Appell, solidarisch mit Notleidenden zu sein, lässt sich als allgemein gültige Lehre der Kurzgeschichte formulieren. Diese Allgemeingültigkeit macht sie fast zur Parabel für gelungenes menschliches Miteinander. Auch in der heutigen Zeit ist ein solcher Appell aktuell: Solidarität können Menschen üben, wenn sie z. B. Flüchtlinge aus Krisengebieten aufnehmen oder bei Naturkatastrophen tatkräftige Aufbauhilfe leisten. Borchert hat mit seiner Kurzgeschichte ein eindrucksvolles Beispiel dafür gegeben, wie jeder Einzelne mit einem geringen Aufwand dringend benötigte Hilfe leisten kann.

10. Aufsatz nochmals durchlesen, auf Rechtschreibung, Zeichensetzung und gute Verständlichkeit des Ausdrucks achten.

Üben Sie die Interpretation von Kurzgeschichten in Ü 3 und Ü 4!

Textverweis

1.1.6 Ausführung der Arbeitsschritte bei Ganzschriften (Novelle und Roman)

Aufgabe

Arbeitsaufgabe:
Ordnen Sie den vorliegenden Textauszug aus Frischs *Homo faber* in den Kontext des Werkes ein! Erarbeiten Sie aus der Textstelle Fabers Welt- und Menschenbild und analysieren Sie, wie sich dieses Welt- und Menschenbild in seiner Sprache widerspiegelt! Wie verändert sich Fabers Welt- und Menschenbild im Verlauf des Werks?

Typische Aufgabenstellungen bei Ganzschriften beziehen sich auf:
- Inhalt der Textstelle und/oder Kontexteinordnung
- Analyse der Textstelle
- Weiterentwicklung der Figuren oder Bedeutung der Textstelle für das gesamte Werk oder Epochenzugehörigkeit oder Beurteilung

Max Frisch, geboren 1911 in Zürich, gestorben 1991 in Zürich; Journalist und Architekt
Erzählungen und Romane, z. B. *Stiller* (1954); Dramen, z. B. *Andorra*

Info

Max Frisch (1911–1991)
Auszug aus *Homo faber* (1957)

Lesetext

Seit ich weiß, wie alles gekommen ist, vor allem angesichts der Tatsache, daß das junge Mädchen, das mich in die Pariser Opera begleitete, dasselbe Kind gewesen ist, das wir beide (Hanna auch) mit Rücksicht auf unsere persönlichen Umstände, ganz abgesehen von der politischen Weltlage damals, nicht hatten haben wollen, habe ich mit mehreren und verschiedenartigen Leuten darüber gesprochen, wie sie sich zur Schwangerschaftsunterbrechung stellen, und dabei festgestellt, daß sie (wenn man es grundsätzlich betrachtet) meine Ansicht teilen. Schwangerschaftsunterbrechung ist heutzutage eine Selbstverständlichkeit. Grundsätzlich betrachtet: Wo kämen wir hin ohne Schwangerschaftsunterbrechungen? Fortschritt in Medizin und Technik nötigen gerade den verantwortungsbewußten Menschen zu neuen Maßnahmen. Verdreifachung der Menschheit in einem Jahrhundert. Früher keine Hygiene. Zeugen und gebären und im ersten Jahr sterben lassen, wie es der Natur gefällt, das ist primitiver, aber nicht ethischer. Kampf gegen das Kindbettfieber. Kaiserschnitt. Brutkasten für Frühgeburten. Wir nehmen das Leben ernster als früher. Johann Sebastian Bach hatte dreizehn Kinder (oder so etwas) in die Welt gestellt, und davon lebten nicht 50%. Menschen sind keine Kaninchen, Konsequenz des Fortschritts: wir haben die Sache selbst zu regeln. Die drohende Überbevölkerung unserer Erde. Mein Oberarzt war in Nordafrika, er sagt wörtlich: Wenn die Araber eines Tages dazu kommen, ihre Notdurft nicht rings um ihr Haus zu verrichten, so ist mit einer Verdoppelung der arabischen Bevölkerung innerhalb von zwanzig Jahren zu rechnen. Wie die Natur es überall macht: Überproduktion, um die Erhaltung der Art sicherzustellen. Wir haben andere Mittel, um die Erhaltung der Art sicherzustellen. Heiligkeit des Lebens! Die natürliche Überproduktion (wenn wir drauflosgebären wie die Tiere) wird zur Katastrophe; nicht Erhaltung der Art, sondern Vernichtung der Art. Wieviel Menschen ernährt die Erde? Steigerung ist möglich, Aufgabe der Unesco: Industrialisierung der unterentwickelten Gebiete, aber die Steigerung ist nicht unbegrenzt. Politik vor ganz neuen Problemen. Ein Blick auf die Statistik: Rückgang der Tuberkulose beispielsweise, Erfolg der Prophylaxe, Rückgang von 30% auf 8%. Der liebe Gott. Er machte es mit Seuchen; wir haben ihm die Seuchen aus der Hand genommen. Folge davon: wir müssen ihm auch die Fortpflanzung aus der Hand nehmen. Kein Anlaß zu Gewissensbissen, im Gegenteil: Würde des Menschen, vernünftig zu handeln und selbst zu entscheiden. Wenn nicht, so ersetzen wir die Seuchen durch Krieg. Schluß mit Romantik. Wer die Schwangerschaftsunterbrechung grundsätzlich ablehnt, ist romantisch und unverantwortlich. Es sollte nicht aus Leichtsinn geschehen, das ist klar, aber grundsätzlich: wir müssen den Tatsachen ins Auge sehen, beispielsweise der Tatsache, daß die Existenz der Menschheit nicht zuletzt eine Rohstoff-Frage ist. Unfug der staatlichen Geburtenförderung in faschistischen Ländern, aber auch in Frankreich. Frage des Lebensraumes. Nicht zu vergessen die Automation: wir brauchen gar nicht mehr so viele Leute. Es wäre gescheiter, Lebensstandard zu heben. Alles andere führt zum Krieg und zur totalen Vernichtung. Unwissenheit, Unsachlichkeit noch immer sehr verbreitet. Es sind immer die Moralisten, die das meiste Unheil anrichten. Schwangerschaftsunterbrechung: eine Konsequenz der Kultur, nur der Dschungel gebärt und verwest, wie die Natur will. Der Mensch plant. Viel Unglück aus Romantik, die Unmenge katastrophaler Ehen, die aus bloßer Angst vor Schwangerschaftsunterbrechung geschlossen werden heute noch. Unterschied zwischen Verhütung und Eingriff? In jedem Fall ist es ein menschlicher Wille, kein Kind zu haben. Wieviele Kinder sind wirklich gewollt? Etwas anderes ist es, daß die Frau eher will, wenn es einmal da ist, Automatismus der Instinkte, sie vergißt, daß sie es hat vermeiden wollen, dazu das Gefühl der Macht gegenüber dem Mann, Mutterschaft als wirtschaftliches Kampfmittel der Frau. Was heißt Schicksal? Es ist lächerlich, Schicksal abzuleiten aus mechanisch-physiologischen Zufällen, es ist eines modernen Menschen nicht würdig. Kinder sind etwas, was wir wollen, beziehungsweise nicht wollen. Schädigung der Frau? Physiologisch jedenfalls nicht, wenn nicht Eingriff durch Pfuscher; psychisch nur insofern, als die betroffene Person von moralischen oder religiösen Vorstellungen beherrscht wird. Was wir ablehnen – Natur als Götze! Dann müßte man schon konsequent sein: dann auch kein Penicillin, keine Blitzableiter, keine Brille, kein DDT, kein Radar und so weiter. Wir leben technisch, der Mensch als Beherrscher der Natur, der Mensch als Ingenieur, und wer dagegen redet, der soll auch keine Brücke benutzen, die nicht die Natur gebaut hat. Dann müßte man schon konsequent sein und jeden Eingriff ablehnen, das heißt: sterben an jeder Blinddarmentzündung. Weil Schicksal! Dann auch keine Glühbirne, keinen Motor, keine Atom-Energie, keine Rechenmaschine, keine Narkose – dann los in den Dschungel!

(Aus: Homo faber. Frankfurt 1977, S. 105–107)

Lösungsvorschlag:

1. **Text mehrmals genau lesen, unbekannte Wörter klären.**

2. **Thema des Textes in einem Satz oder in zwei Sätzen zusammenfassen.**
   Walter Faber äußert sich zum Schwangerschaftsabbruch. Er weist religiöse oder ethische Vorbehalte gegenüber diesem Eingriff zurück und erklärt Abtreibung zu einem legitimen Mittel der Naturbeherrschung durch den Menschen.

3. **Intention (Absicht) des Dichters feststellen und notieren.**
   Max Frisch zeigt an dieser Stelle, wie sich Fabers technizistisches Menschenbild auf seine Beurteilung ethischer Fragen auswirkt.

4. **Literarische Gattung bestimmen.**
   Der Textausschnitt gehört in den Kontext eines Werkes, das von Frisch die Bezeichnung „Bericht" erhalten hat. Diese Bezeichnung steht in Verbindung mit der gewählten Erzählperspektive und dem Welt- und Menschenbild des Protagonisten. Als literarische Gattung ist das Werk ein Roman. Es entspricht der Definition eines „(...) aus Beschreibung, Dialog, Bericht etc. gefügte(n) Erzählgewebe(s) zur entwerfenden Darstellung eines Welt- und Lebensausschnitts, in dem Kräfte von Schicksal und Umwelt auf Individuum oder Kollektiv einwirken" (Best, S. 435).

5. **Text in Handlungs- und Sinnabschnitte einteilen, Überschriften finden und einzelne Abschnitte kurz zusammenfassen, dabei direkte Rede in indirekte Rede umformen.**

Max Frisch (1911–1991)
Auszug aus *Homo faber* (1957)

Seit ich weiß, wie alles gekommen ist, vor allem angesichts der Tatsache, daß das junge Mädchen, das mich in die Pariser Opera begleitete, dasselbe Kind gewesen ist, das wir beide (Hanna auch) mit Rücksicht auf unsere persönlichen Umstände, ganz abgesehen von der politischen Weltlage damals, nicht hatten haben wollen, habe ich mit mehreren und verschiedenartigen Leuten darüber gesprochen, wie sie sich zur Schwangerschaftsunterbrechung stellen, und dabei festgestellt, daß sie (wenn man es grundsätzlich betrachtet) meine Ansicht teilen. Schwangerschaftsunterbrechung ist heutzutage eine Selbstverständlichkeit. Grundsätzlich betrachtet: Wo kämen wir hin ohne Schwangerschaftsunterbrechungen? Fortschritt in Medizin und Technik nötigen gerade den verantwortungs- bewußten Menschen zu neuen Maßnahmen. Verdreifachung der Menschheit in einem Jahrhundert. Früher keine Hygiene. Zeugen und gebären und im ersten Jahr sterben lassen, wie es der Natur gefällt, das ist primitiver, aber nicht ethischer. Kampf gegen das Kindbettfieber. Kaiserschnitt. Brutkasten für Frühgeburten. Wir nehmen das Leben ernster als früher. Johann Sebastian Bach hatte dreizehn Kinder (oder so etwas) in die Welt gestellt, und davon lebten nicht 50%. Menschen sind keine Kaninchen, Konsequenz des Fortschritts: wir haben die Sache selbst zu regeln. Die drohende Überbevölkerung unserer Erde. Mein Oberarzt war in Nordafrika, er sagt wörtlich: Wenn die Araber eines Tages dazu kommen, ihre Notdurft nicht rings um ihr Haus zu verrichten, so ist mit einer Verdoppelung der arabischen Bevölkerung innerhalb von zwanzig Jahren zu rechnen. Wie die Natur es überall macht: Überproduktion, um die Erhaltung der Art sicherzustellen. Wir haben andere Mittel, um die Erhaltung der Art sicherzustellen. Heiligkeit des Lebens! Die natürliche Überproduktion (wenn wir drauflosgebären

Fabers Ansicht wird von anderen geteilt: Abtreibung ist etwas völlig Normales.

früher: natürliche Hemmung drohender Überbevölkerung
heute: medizinischer Fortschritt lässt Zahl der Menschen ansteigen
daher: Geburtenregelung als Sache der Menschen

Überbevölkerung als drohende Vernichtung bringe neue politische Probleme mit sich (z. B. Versorgung).

wie die Tiere) wird zur Katastrophe; nicht Erhaltung der Art, sondern Vernichtung der Art. Wieviel Menschen ernährt die Erde? Steigerung ist möglich, Aufgabe der Unesco: Industrialisierung der unterentwickelten Gebiete, aber die Steigerung ist nicht unbegrenzt. Politik vor ganz neuen Problemen. Ein Blick auf die Statistik: Rückgang der Tuberkulose beispielsweise, Erfolg der Prophylaxe, Rückgang von 30% auf 8%. Der liebe Gott. Er machte es mit Seuchen; wir haben ihm die Seuchen aus der Hand genommen. Folge davon: wir müssen ihm auch die Fortpflanzung aus der Hand nehmen. Kein Anlaß zu Gewissensbissen, im Gegenteil: Würde des Menschen, vernünftig zu handeln und selbst zu entscheiden. Wenn nicht, so ersetzen wir die Seuchen durch Krieg. Schluß mit Romantik. Wer die Schwangerschaftsunterbrechung grundsätzlich ablehnt, ist romantisch und unverantwortlich. Es sollte nicht aus Leichtsinn geschehen, das ist klar, aber grundsätzlich: wir müssen den Tatsachen ins Auge sehen, beispielsweise der Tatsache, daß die Existenz der Menschheit nicht zuletzt eine Rohstoff-Frage ist. Unfug der staatlichen Geburtenförderung in faschistischen Ländern, aber auch in Frankreich. Frage des Lebensraumes. Nicht zu vergessen die Automation: wir brauchen gar nicht mehr so viele Leute. Es wäre gescheiter, Lebensstandard zu heben. Alles andere führt zum Krieg und zur totalen Vernichtung. Unwissenheit, Unsachlichkeit noch immer sehr verbreitet. Es sind immer die Moralisten, die das meiste Unheil anrichten. Schwangerschaftsunterbrechung: eine Konsequenz der Kultur, nur der Dschungel gebärt und verwest, wie die Natur will. Der Mensch plant. Viel Unglück aus Romantik, die Unmenge katastrophaler Ehen, die aus bloßer Angst vor Schwangerschaftsunterbrechung geschlossen werden heute noch. Unterschied zwischen Verhütung und Eingriff? In jedem Fall ist es ein menschlicher Wille, kein Kind zu haben. Wieviele Kinder sind wirklich gewollt? Etwas anderes ist es, daß die Frau eher will, wenn

früher: Seuchen als Regulativ heute: Krieg oder vernünftiges menschliches Handeln

weniger Menschen sinnvoll wegen begrenzter Verfügbarkeit von Rohstoffen, Lebensraum und Arbeitsplätzen

Abtreibung und Verhütung als menschliche Einmischung in natürliche Vorgänge

es einmal da ist, Automatismus der Instinkte, sie vergißt, daß sie es hat vermeiden wollen, dazu das Gefühl der Macht gegenüber dem Mann, Mutterschaft als wirtschaftliches Kampfmittel der Frau. Was heißt Schicksal? Es ist lächerlich, Schicksal abzuleiten aus mechanisch-physiologischen Zufällen, es ist eines modernen Menschen nicht würdig. Kinder sind etwas, was wir wollen, beziehungsweise nicht wollen. Schädigung der Frau? Physiologisch jedenfalls nicht, wenn nicht Eingriff durch Pfuscher; psychisch nur insofern, als die betroffene Person von moralischen oder religiösen Vorstellungen beherrscht wird. Was wir ablehnen – Natur als Götze! Dann müßte man schon konsequent sein: dann auch kein Penicillin, keine Blitzableiter, keine Brille, kein DDT, kein Radar und so weiter. Wir leben technisch, der Mensch als Beherrscher der Natur, der Mensch als Ingenieur, und wer dagegen redet, der soll auch keine Brücke benutzen, die nicht die Natur gebaut hat. Dann müßte man schon konsequent sein und jeden Eingriff ablehnen, das heißt: sterben an jeder Blinddarmentzündung. Weil Schicksal! Dann auch keine Glühbirne, keinen Motor, keine Atom-Energie, keine Rechenmaschine, keine Narkose – dann los in den Dschungel!

Faber meint, Abtreibung sei nur anderer Ausdruck der Beherrschung der Natur durch den Menschen.

Bei Ablehnung der Abtreibung müsste man auch andere technische Errungenschaften ablehnen.

(Aus: Homo faber. Frankfurt 1977, S. 105–107)

6. Geeignete Leitfragen für die textimmanente Interpretation eines epischen Textes formulieren, wenn die Aufgabenstellung keine Leitfragen enthält.

Die Aufgabenstellung enthält bereits die drei Leitfragen:

1. Ordnen Sie den vorliegenden Textauszug aus Frischs *Homo faber* in den Kontext des ganzen Werkes ein!
2. Erarbeiten Sie aus der Textstelle Fabers Welt- und Menschenbild und analysieren Sie, wie sich dieses Welt- und Menschenbild in seiner Sprache widerspiegelt!
3. Wie verändert sich Fabers Welt- und Menschenbild im Verlauf des Werks?

7. Stoffsammlung zu den Leitfragen aus der Aufgabenstellung oder aus Arbeitsschritt 6 erstellen.

1. **Leitfrage: Ordnen Sie den vorliegenden Textauszug aus Frischs *Homo faber* in den Kontext des ganzen Werkes ein!**
„Erste Station", zwischen dem 21.06. und dem 08.07.57 in Caracas verfasst.
Bekanntschaft mit Sabeth auf der Überfahrt von New York nach Le Havre, Treffen in Paris; Faber will mit Sabeth nach Italien fahren.
vor Textauszug: Beschreibung der wartenden Sabeth
nach Textauszug: Bericht über Fahrt durch Italien und Griechenland vom 13.05.57 bis 28.05.57

2. **Leitfrage: Erarbeiten Sie aus der Textstelle Fabers Welt- und Menschenbild und analysieren Sie, wie sich dieses Welt- und Menschenbild in seiner Sprache widerspiegelt!**
Fabers Welt- und Menschenbild
Vernunft als menschliche Würde (vgl. Z. 31 f.), Rationalität als Fähigkeit Dinge zu sehen, „wie sie sind" (S. 24)
durch Mittel der Vernunft: Mensch als Beherrscher der Natur
Beispiel dafür: Geburtenregelung durch Abtreibung
früher: natürliche Hemmung drohender Überbevölkerung
heute: medizinischer Fortschritt lässt Zahl der Menschen ansteigen
Folge: Mensch muss Planung der Nachkommenzahl selbst übernehmen
Gründe gegen hohe Bevölkerungszahl: Begrenztheit von Rohstoffen, Lebensräumen und Arbeitsplätzen
Mensch dürfe abtreiben, bei Versagen „(…) los in den Dschungel" (Z. 64)
technischer Mensch versucht Macht über Leben und Tod zu gewinnen (vgl. S. 77)

sprachliche Gestaltung

Sprachliche und formale Mittel	Beispiel (Zitat und Belegstelle)	Bezug zu Intention und Wirkung
unvollständige Sätze, Ellipsen, Ein-Wort-Sätze	sehr zahlreich: z. B. Z. 11 f., Z. 24 f. und öfter	Konzentration auf das Wesentliche der Fragestellung durch Verwendung der zum Verständnis notwendigen Satzbausteine; unterstreicht zwingende Logik der Argumentation

Sprachliche und formale Mittel	Beispiel (Zitat und Belegstelle	Bezug zu Intention und Wirkung
innerer Monolog	ganzer Textausschnitt	legitimiert assoziative Erzählweise mit Gedankenbrüchen und Wiederholungen; Eindruck der Unmittelbarkeit und der Nähe zum Ich-Erzähler, der sich unkommentiert äußern kann
genaue Zahlenangaben	vgl. Z. 29	unterstreicht wissenschaftlichen Charakter der Argumentation
Begriffe aus Politik und Wissenschaft	„Unesco" (Z. 26), „Prophylaxe" (Z. 28), „Penicillin" (Z. 57)	unterstreicht wissenschaftlichen Charakter der Argumentation
(sprechender Name)	(Walter Faber; nicht im Textausschnitt genannt)	(ahd. „waltan" – „herrschen" und lat. „faber" – „der Schmied": Personifizierung des technizistischen Menschenbildes)

3. **Leitfrage: Wie verändert sich Fabers Welt- und Menschenbild im Verlaufe des Werks?**
   Veränderung durch Begegnung mit Zufall und Tod als Mächten, die sich menschlicher Verfügbarkeit entziehen: Begegnung mit Herbert (vgl. S. 22), Begegnung mit Sabeth (vgl. S. 69), Tod Sabeths (vgl. S. 160)
   Aufenthalt auf Kuba: Faber als passiv Erlebender (vgl. S. 172–182), Entschluss das Filmen aufzugeben, Antiamerikanismus
   Neues Credo nun nicht mehr „Beherrschung der Welt", sondern „Leben in der Welt" (vgl. S. 199)

8. **Gliederung des Aufsatzes entwerfen.**

A. Einleitung
Dichter, Titel, literarische Gattung, Thema des Romans, Thema der vorliegenden Textstelle

B. Hauptteil

I. Kontexteinordnung
II. Fabers Welt- und Menschenbild
III. Sprache
IV. Veränderung des Welt- und Menschenbildes

C. Schluss

Aktuelle Bedeutung des Romans

9. Ausarbeitung des Aufsatzes formulieren.

A. Einleitung

In dem Roman *Homo faber*, der 1957 erschienen ist und der von Max Frisch die Gattungsbezeichnung „Ein Bericht“ erhalten hat, beschreibt der Ich-Erzähler, Walter Faber, rückblickend, wie es zur Begegnung mit seiner Tochter Sabeth, von deren Existenz er bis dahin nichts gewusst hat, gekommen ist und welche Folgen diese Begegnung hat. In der vorliegenden Textstelle äußert sich Walter Faber zum Schwangerschaftsabbruch. Er weist religiöse oder ethische Vorbehalte gegenüber diesem Eingriff zurück und erklärt Abtreibung zu einem legitimen Mittel der Naturbeherrschung durch den Menschen.

B. Hauptteil

I. Kontexteinordnung

Der Textauszug zählt zur „erste(n) Station“, die Faber zwischen dem 21.06. und dem 08.07.57 in Caracas verfasst. Er ist eingebettet in Fabers Bericht über die Bekanntschaft mit Sabeth auf der Überfahrt von New York nach Le Havre und über ihr Treffen in Paris. Faber nimmt sich für zwei Wochen frei, um mit Sabeth nach Italien zu fahren. Unmittelbar vor dem Textauszug wird beschrieben, wie Faber die wartende Sabeth im Café beobachtet; unmittelbar danach folgt der Bericht über die Fahrt durch Italien und Griechenland vom 13.05.57 bis 28.05.57, die mit einem tödlichen Unfall des Mädchens endet.

Die Reflexionen über den Schwangerschaftsabbruch unterbrechen den Bericht über die Bekanntschaft mit Sabeth also gerade in dem Moment, in dem er sich für die gemeinsame Reise entschieden hat, die für beide die schönste Zeit der Liebesbeziehung bedeutet. Dies wirkt auf den ersten Blick befremdlich, da diese Reise natürlicherweise nicht hätte stattfinden können, wenn Fabers Befürwortung der Abtreibung realisiert worden wäre. Der innere Grund für den Einschub des Textauszuges gerade an dieser Stelle ist der Versuch der Rechtfertigung Fabers für seinen Entschluss die ungeborene Sabeth abtreiben zu lassen.

II. Fabers Welt- und Menschenbild

Dieser Rechtfertigungsversuch basiert auf seinem technizistischen Welt- und Menschenbild, das in der vorliegenden Textstelle deutlich zum Ausdruck kommt: Fabers Ansicht, dass Abtreibung etwas völlig Normales sei, werde, so teilt der Ich-Erzähler mit, auch von vielen anderen geteilt. Während ein starkes Anwachsen der Bevölkerung früher auf natürliche Weise, z. B. durch mangelnde Hygiene und durch Seuchen, verhindert worden sei, so habe der medizinische Fortschritt die Zahl der Menschen stark ansteigen lassen. Daher müsse der Mensch, so folgert Faber, die Geburtenregelung in seine Hände nehmen. Romantische oder religiöse Bedenken seien bei der Bewältigung des Problems wenig hilfreich. Scheitere vernünftiges menschliches Handeln, so müsste die Geburtenregelung durch Krieg erfolgen.

Als weiterer Grund spreche für Fabers Ansicht, dass die Überbevölkerung zahlreiche Probleme, z. B. im Bereich der Lebensmittelversorgung, mit sich bringe. Es sei wegen der begrenzten Verfügbarkeit von Rohstoffen, Lebensraum und Arbeitsplätzen sinnvoll, dass weniger Menschen auf der Erde lebten. Abtreibung und Verhütung seien als gleichrangige menschliche Eingriffe in natürliche Vorgänge zu bewerten und als Ausdruck des menschlichen Willens die Natur zu beherrschen. Stünde man der Abtreibung entgegen, so schließt Faber seinen Gedankengang, so müsste man auch andere technische Errungenschaften ablehnen.

Fabers technizistisches Welt- und Menschenbild begründet sich auf der Vorstellung, dass Vernunft ein Ausdruck menschlicher Würde sei (vgl. Z. 31). Rationalität befähigt dazu, Dinge zu sehen, „wie sie sind" (S. 24). Der technische Mensch beherrscht die Natur und versucht Macht über Leben und Tod zu gewinnen (vgl. S. 77).

III. Sprache

Dieses Menschenbild spiegelt sich auch in der Sprache wider. Die Nähe zum Ich-Erzähler stellt der innere Monolog her, der die assoziative Erzählweise mit Gedankenbrüchen und Wiederholungen legitimiert. Unvollständige Sätze, Ellipsen und Ein-Wort-Sätze (vgl. z. B. Z. 11, Z. 24 und öfter) erwecken den Eindruck, dass es dem Techniker Faber darum geht, ohne überflüssigen Sprachschmuck zum Wesentlichen der Argumentation zu kommen, deren zwingende Logik durch diese sprachlichen Mittel unterstrichen werden soll. Der wissenschaftliche Charakter der Argumentation wird hervorgehoben, wenn Faber genaue Zahlenangaben verwendet: „Rückgang der Tuberkulose beispielsweise, Erfolg der Prophylaxe, Rückgang von 30% auf 8%" (Z. 28 f.). Faber bemüht sich um die Verwendung von Fachbegriffen, z. B. aus Politik und Wissenschaft (vgl. Z. 26, Z. 28 und Z. 57), um seinen Ausführungen einen Anstrich objektiver, unwiderlegbarer Wissenschaftlichkeit zu geben. Die Verwendung des Ausdrucks „Schwangerschaftsunterbrechung“ (z. B. Z. 6) schließlich suggeriert, dass die Schwangerschaft nach der Abtreibung fortgesetzt werden könnte; die Tragweite des Eingriffs wird somit verharmlost.

IV. Veränderung des Welt- und Menschenbildes

Dass sich dieses technizistische Welt- und Menschenbild aber bereits verändert hat, lässt sich schon in der vorliegenden Textstelle beobachten. Auf der einen Seite bemüht sich Faber um den Eindruck zwingender Logik, auf der anderen Seite ist seine Argumentation von wenig überzeugenden Gedankenbrüchen und Wiederholungen gekennzeichnet. So schneidet er z. B. in Z. 25 das Versorgungsproblem an, ab Z. 36 f. greift er diesen Gesichtspunkt erneut auf, um weitere Probleme anzuführen. Sein Credo, dass der Mensch Beherrscher der Natur sei, wiederholt sich mehrmals im ganzen Textausschnitt.

Dieses Durcheinander in der Argumentation lässt den Schluss zu, dass Faber an dieser Stelle geradezu zwanghaft einen Rechtfertigungsversuch formuliert. Dafür spricht übrigens auch der Hinweis auf „mehrere( ) und verschiedenartige( ) Leute( )“ (Z. 5), die als Gewährsmänner für seine technizistische Bewertung herangezogen werden.

Der Grund für die Abkehr vom technizistischen Welt- und Menschenbild liegt in Fabers Begegnung mit dem Zufall und dem Tod als den Mächten, die sich menschlicher Verfügbarkeit entziehen: „Mein Irrtum: dass wir Techniker versuchen, ohne den Tod zu leben“ (S. 170). Die Begegnung mit Herbert (vgl. S. 22 ff.), mit seiner Tochter Sabeth (vgl. S. 69 ff.) und schließlich der Tod Sabeths (vgl. S. 160) und die Erfahrung der eigenen Krankheit setzen einen Denkprozess in Gang, der sich während seines Aufenthaltes auf Kuba deutlich ausprägt: Faber beschreibt sich als passiv Erlebender: „Vier Tage nichts als Schauen“ (S. 172), und: „Meine Wollust, zu schauen“ (S. 178). Faber befreit sich von der Sucht des Technikers, die Welt in schnellem Tempo zu durcheilen: „Ich hatte in Habana gar nichts zu tun“ (S. 173), oder die Realität zu konservieren; er gibt das Filmen auf (vgl. S. 182). Im Antiamerikanismus bündelt sich sein Zorn auf sich selbst und seine bisherige Lebensweise. Er beschließt anders zu leben (vgl. S. 175).

Die letzten Aufzeichnungen vermitteln das Bild eines völlig veränderten Walter Faber. Die Erfahrung seiner Krankheit, aber auch des Todes seiner Tochter weckt neue Lebenslust in ihm: „Ich hänge an diesem Leben wie noch nie (...)“ (S. 198). Sein Credo lautet nun nicht mehr „Beherrschung der Welt“, sondern „Leben in der Welt“:

„Auf der Welt sein: im Licht sein. Irgendwo (...) Esel treiben, unser Beruf! – aber vor allem: standhalten dem Licht, der Freude (wie unser Kind, als es sang) im Wissen, dass ich erlösche im Licht über Ginster, Asphalt und Meer, standhalten der Zeit, beziehungsweise Ewigkeit im Augenblick. Ewig sein: gewesen sein“ (S. 199).

C. Schluss

Max Frisch hat in seinem Roman das Scheitern menschlicher Allmachtsvorstellung gestaltet, in dem vorliegenden Textausschnitt konnten wir die Auswirkungen solcher Vorstellungen in der technizistischen Bewertung der Abtreibung erfahren. Aus dem Schicksal Walter Fabers lässt sich lernen, dass Technik zwar das Leben des Menschen erleichtern hilft, dass sie ihm aber nicht das gibt, was er wirklich braucht, um mit und in seinem Leben glücklich zu sein. Aktuell ist dieser Roman gerade in unserer heutigen Zeit, in der vor allem ökonomisches Zweckdenken und technische Allmachtsfantasien den Blick für das Essentielle des menschlichen Lebens verstellen.

10. Aufsatz nochmals durchlesen, auf Rechtschreibung, Zeichensetzung und gute Verständlichkeit des Ausdrucks achten.

Textverweis

Üben Sie die Interpretation von Ganzschriften in Ü 5 und Ü 6!

1.1.7 Übungen

Übung

Übung 1 *Interpretieren Sie die folgende Fabel! Arbeiten Sie dabei besonders ihren Realitäts- bzw. Aktualitätsbezug heraus!*

► *Lösung Seite 136*

Info

Martin Luther, geboren 1483 in Eisleben, gestorben 1546 in Eisleben, Jura- und Theologiestudium, bedeutender Reformator
v. a. theologische Schriften, z. B. *Von der Freiheit eines Christenmenschen* (1520)

Lesetext

Martin Luther (1483–1546)
Wolf und Lämmlein

Ein Wolf und ein Lämmlein trafen sich zufällig an einem Bach, um zu trinken. Der Wolf trank oben am Bach, das Lämmlein aber weit entfernt unten. Als der Wolf das Lämmlein sah, lief er zu ihm und sprach: „Warum trübst du mir das Wasser, dass ich nicht trinken kann?" Das Lämmlein antwortete: „Wie kann ich dir das Wasser trüben? Du trinkst doch oberhalb und könntest es mir eher trüben." Da sprach der Wolf: „Wie, beleidigst du mich auch noch?" Das Lämmlein antwortete: „Ich beleidige dich nicht." Daraufhin sagte der Wolf: „Dein Vater hat das vor sechs Monaten ebenfalls getan, und du willst dich als Vater zeigen." Das Lämmlein antwortete: „Damals war ich noch nicht geboren. Warum soll ich für meinen Vater büßen? „Da sprach der Wolf: „Du hast mir aber meine Wiesen und Äcker abgenagt und verdorben." Das Lämmlein antwortete ihm: „Wie kann das möglich sein, da ich doch noch

keine Zähne habe?“ – „Nun gut“, sagte der Wolf, „auch wenn du gut begründen und reden kannst, werde ich doch heute nicht ohne Fressen bleiben.“ Und er würgte das unschuldige Lämmlein und fraß es auf.
Lehre: So ist der Lauf der Welt. Wer fromm sein will, muss leiden, wenn einer Streit sucht. Denn Gewalt steht über dem Recht. Wenn man dem Hund übel will, hat er das Leder gefressen. Wenn der Wolf es so will, ist das Lamm im Unrecht.

(Aus: Fabeln aus drei Jahrtausenden. Ausgewählt von Reinhard Dithmar. Zürich 1976, S. 79 f.)

Vollständiger Aufsatz im Lösungsteil!

Übung 2 *Interpretieren Sie die folgende Erzählung!*
► *Lösung Seite 137*

Franz Kafka, geboren 1883 in Prag, gestorben 1924 bei Wien, Studium der Rechtswissenschaft, lebte v. a. in Prag und Berlin, einer der bedeutendsten Dichter des 20. Jahrhunderts
Parabeln und Romane, z. B. *Die Verwandlung* (1915), *Das Schloß* (1926)

Franz Kafka (1883–1924)
Der Aufbruch (1936)

Ich befahl mein Pferd aus dem Stall zu holen. Der Diener verstand mich nicht. Ich ging selbst in den Stall, sattelte mein Pferd und bestieg es. In der Ferne hörte ich eine Trompete blasen, ich fragte ihn, was das bedeute. Er wusste nichts und hatte nichts gehört. Beim Tore hielt er mich auf und fragte: „Wohin reitest du, Herr?“ „Ich weiß es nicht“, sagte ich, „nur weg von hier, nur weg von hier. Immerfort weg von hier, nur so kann ich mein Ziel erreichen.“ „Du kennst also dein Ziel?“ fragte er. „Ja“, antwortete ich, „ich sagte es doch: ‚Weg-von-hier‘, das ist mein Ziel.“ „Du hast keinen Essvorrat mit“, sagte er. „Ich brauche keinen“, sagte ich, „die Reise ist so lang, dass ich verhungern muss, wenn ich auf dem Weg nichts bekomme. Kein Essvorrat kann mich retten. Es ist ja zum Glück eine wahrhaft ungeheure Reise.“

(Aus: Sämtliche Erzählungen. Hsrg. von Paul Raabe. Frankfurt 1980, S. 321)

***Übung 3** Interpretieren Sie die folgende Erzählung!*
► *Lösung Seite 138*

Thomas Bernhard, geboren 1932 in Heerlen, gestorben 1989 in Gmünden
Dramen, z. B. *Heldenplatz* (1988) und Romane, z. B. *Auslöschung* (1986)

Thomas Bernhard (1931–1989)
***Der Anstreicher* (entst. 1957, veröffent. 1969)**

Der Anstreicher ist auf ein Gerüst geklettert und sieht sich nun etwa vierzig oder fünfzig Meter vom Erdboden entfernt. Er lehnt sich an ein Holzbrett. Während er mit einem großen Kienspan im Kübel umrührt, schaut er auf die Leute hinunter, die die Straße bevölkern. Er ist bemüht, Bekannte herauszufinden, was ihm auch gelingt, aber er hat nicht die Absicht, hinunter zu schreien, denn da würden sie heraufschauen und ihn lächerlich finden. Ein lächerlicher Mensch in einem schmutzigen gelben Anzug mit einer Zeitungspapierkappe auf dem Kopf! Der Anstreicher vergißt seine Aufgabe und blickt senkrecht hinunter auf die schwarzen Punkte. Er entdeckt, daß er niemand kennt, der sich in einer ähnlich lächerlichen Situation befände. Wenn er vierzehn oder fünfzehn Jahre alt wäre! Aber mit zweiunddreißig! Während dieser Überlegung rührt er ununterbrochen im Farbkübel um. Die anderen Anstreicher sind zu sehr beschäftigt, als daß ihnen an ihrem Kollegen etwas auffiele. Ein lächerlicher Mensch mit einer Zeitungspapierkappe auf dem Kopf! Ein lächerlicher Mensch! Ein entsetzlich lächerlicher Mensch! Jetzt ist ihm, als stürze er in diese Überlegung hinein, tief hinein und hinunter, in Sekundenschnelle, und man hört Aufschreie, und als der junge Mann unten aufgeplatzt ist, stürzen die Leute auseinander. Sie sehen den umgestülpten Kübel auf ihn fallen und gleich ist der Anstreicher mit gelber Fassadenfarbe übergossen. Jetzt heben die Passanten die Köpfe. Aber der Anstreicher ist natürlich nicht mehr oben.

(Aus: Ereignisse. Frankfurt am Main 1991, S. 29 f.)

***Übung 4** Interpretieren Sie die folgende Kurzgeschichte von Peter Bichsel!*
► *Lösung Seite 140*

Peter Bichsel, geboren 1935 in Luzern, Ausbildung zum Primarlehrer
Erzählungen, z. B. *Kindergeschichten* (1974)

Lesetext

Peter Bichsel (geb.1935)
***Das Kartenspiel* (1964)**

Herr Kurt sagt nichts. Er sitzt da und schaut dem Spiel zu. Die vier legen ihre Karten auf den Tisch, die Asse und die Könige, die Achter und die Zehner, die roten zu den roten und die schwarzen zu den schwarzen.

Herr Kurt lässt sich sein Bier temperieren. Sein Glas steht in einem verchromten Gefäß mit heißem Wasser. Von Zeit zu Zeit hebt er es vorsichtig, lässt das Wasser abtropfen. Oft stellt er es zurück, ohne zu trinken; denn er schaut dem Spiel zu.

Herr Kurt hat seinen Platz, niemand weiß seit wann und weshalb. Aber um fünf Uhr ist er da, setzt sich oben an den Tisch, grüßt, wenn er gegrüßt wird, bestellt sein Bier und man bringt ihm das heiße Wasser dazu.

Um fünf Uhr sind auch die andern da, die vier, und spielen Karten, nicht immer dieselben vier, am Montag meist jüngere, am Dienstag Geschäftsleute, am Freitag vier ehemalige Schulkollegen, Jahrgang 1912, und an den übrigen Wochentagen irgendwelche vier. Oben am Tisch sitzt immer Herr Kurt. Er trinkt ein Bier und sitzt bis sieben Uhr da. Ist das Spiel spannend, bleibt er eine Viertelstunde länger, später geht er nie.

Im Restaurant sitzen auch andere, aber kein anderer kommt jeden Tag. Selbst der Wirt ist nicht jeden Abend da, und die Kellnerin hat am Mittwoch ihren freien Tag. Herr Kurt macht niemanden neugierig. Trotzdem hat man ihn in den Jahren kennen gelernt. In der Agenda des Wirts steht unter dem 14. Juli „Herr Kurt". An diesem Tag, es ist sein Geburtstag, bekommt Herr Kurt sein Gratisbier. Der Wirt kann sich nicht erinnern, woher er Herrn Kurts Geburtstag kennt. Man würde Herrn Kurt nicht danach fragen.

Nach dem Spiel werfen die vier ihre Karten auf den Tisch, nehmen die Kreide und zählen zusammen, die Verlierer bezahlen die Zeche.

Dann ereifern sie sich über Spielregeln und Taktik, machen sich gegenseitig Vorwürfe und rechnen sich aus, was geschehen wäre, wenn man den König später und den Zehner früher ausgespielt hätte. Herr Kurt nickt ab und zu oder schüttelt den Kopf. Er sagt nichts.

Wenn Herr Kurt die Regeln des Kartenspiels nicht kennen würde, sähe er sein Leben lang nur rote und schwarze Karten. Aber er kennt die Karten, und er kennt das Spiel. Es ist wahrscheinlich, dass er es kennt.

Bei Herrn Kurts Beerdigung wird man alles über ihn erfahren, die Todesursache, sein Alter, seinen Geburtsort, seinen Beruf. Man wird vielleicht überrascht sein. Und später wird, weil es unvermeidlich ist, ein Spieler sagen, dass er Herrn Kurt vermisse. Aber das ist nicht wahr, das Spiel hat ganz bestimmte Regeln.

(Aus: Eigentlich möchte Frau Blum den Milchmann kennen lernen. 21 Geschichten. 2. Auflage. Olten und Freiburg 1964, S. 53–55)

***Übung 5** Fassen Sie den Inhalt der vorliegenden Textstelle zusammen und ordnen Sie sie in den Kontext des Romans ein! Untersuchen Sie die sprachliche Gestaltung der Textstelle! Entwickeln Sie, ausgehend von dieser Textstelle, die Kennzeichen von Diederichs Untertanenmentalität!*

▶ *Lösung Seite 141*

Heinrich Mann, geboren 1871 in Lübeck, gestorben 1950 in Kalifornien, Buchhändlerlehre
Romane und Erzählungen, z. B. *Die kleine Stadt* (1909), *Henri Quatre* (1935)

Heinrich Mann (1871–1950)
Auszug aus *Der Untertan* (1918)

Die Herren, die dem Kaiser folgten, blickten mit äußerster Entschlossenheit darein, ihre Pferde aber lenkten sie durch das Volk, als seien alle die Leute zum Statieren bei einer Allerhöchsten Aufführung befohlen; und manchmal schielten sie seitwärts, nach dem Eindruck im Publikum. Er selbst, der Kaiser, sah nur sich und seine Leistung. Tiefer Ernst versteinte seine Züge, sein Auge blitzte hin über die Tausende der von ihm Gebannten. Er maß sich mit ihnen, der von Gott gesetzte Herr mit den empörerischen Knechten! Allein und ungeschützt hatte er sich mitten unter sie gewagt, stark nur durch seine Sendung. Sie konnten sich an ihm vergreifen, wenn es im Plan des Höchsten lag; er brachte seiner heiligen Sache sich selbst zum Opfer. War Gott mit ihm, dann sollten sie es sehen! Dann bewahrten sie für immer das Gepräge seiner Tat und die Erinnerung an ihre Ohnmacht!

Ein junger Mensch mit einem Künstlerhut ging neben Diederich, er sagte: „Kennen wir. Napoleon in Moskau, sich solo unter die Bevölkerung mischend."

„Das ist doch großartig!" behauptete Diederich, und die Stimme versagte ihm. Der andere zuckte die Achseln.

„Theater, und nicht mal gut."

Diederich sah ihn an, er versuchte zu blitzen wie der Kaiser.

„Sie sind wohl auch so einer."

Er hätte nicht sagen können, was für einer. Er fühlte nur, dass er hier, zum ersten Mal im Leben, die gute Sache zu vertreten habe gegen feindliche Bemängelungen. Trotz seiner Aufregung sah er sich noch die Schultern des Menschen an: sie waren nicht breit. Auch äußerte sich seine Umgebung missbilligend. Da ging Diederich vor. Mit seinem Bauch drängte er den Feind gegen die Mauer und schlug auf den Künstlerhut ein. Andere knufften mit. Der Hut lag schon am Boden und bald auch der Mensch. Im Weitergehen bemerkte Diederich zu seinen Mitkämpfern: „Der hat sicher nicht gedient! Schmisse hat er auch keine!"

Der alte Herr mit Bartkoteletten und Eisernem Kreuz war auch wieder da, er drückte Diederich die Hand.

„Brav, junger Mann, brav!"

„Soll man da nicht wütend werden?“ erklärte Diederich, noch keuchend. „Wenn der Mensch uns den historischen Moment verekeln will?“

„Sie haben gedient?“ fragte der alte Herr.

„Ich wäre am liebsten ganz dabeigeblieben“, sagte Diederich.

„Na ja, Sedan ist nicht alle Tage“ – der alte Herr betupfte sein Eisernes Kreuz. „Das waren wir!“

Diederich reckte sich, er zeigte auf das bezwungene Volk und den Kaiser.

„Das ist doch geradesogut wie Sedan!“

„Na ja“, sagte der alte Herr.

„Gestatten Sie mal, sehr geehrter Herr“, rief jemand und schwenkte sein Notizbuch. „Wir müssen das bringen. Stimmungsbild, verstehnse? Sie haben wohl einen Genossen verwalkt?“

„Kleinigkeit“ – Diederich keuchte noch immer. „Meinetwegen könnt es jetzt gleich losgehen gegen den inneren Feind. Unsern Kaiser haben wir mit.“

„Fein“, sagte der Reporter und schrieb mit: „In der wild bewegten Menge hört man Leute aller Stände der treuesten Anhänglichkeit und dem unerschütterlichen Vertrauen zu der Allerhöchsten Person Ausdruck geben.“

„Hurra!“ schrie Diederich, denn alle schrien es; und inmitten eines mächtigen Stoßes von Menschen, der schrie, gelangte er jäh bis unter das Brandenburger Tor. Zwei Schritte von ihm ritt der Kaiser hindurch. Diederich konnte ihm ins Gesicht sehen, in den steinernen Ernst und das Blitzen; aber ihm verschwamm es vor den Augen, so sehr schrie er. Ein Rausch, höher und herrlicher als der, den das Bier vermittelt, hob ihn auf die Fußspitzen, trug ihn durch die Luft. Er schwenkte den Hut hoch über allen Köpfen, in einer Sphäre der begeisterten Raserei, durch einen Himmel, wo unsere äußersten Gefühle kreisen. Auf dem Pferd dort, unter dem Tor der siegreichen Einmärsche und mit Zügen, steinern und blitzend, ritt die Macht! Die Macht, die über uns hingeht und deren Hufe wir küssen! Die über Hunger, Trotz und Hohn hingeht! Gegen die wir nichts können, weil wir alle sie lieben! Die wir im Blut haben, weil wir die Unterwerfung darin haben! Ein Atom sind wir von ihr, ein verschwindendes Molekül von etwas, das sie ausgespuckt hat! Jeder Einzelne ein Nichts, steigen wir in gegliederten Massen, als Neuteutonen, als Militär, Beamtentum, Kirche und Wissenschaft, als Wirtschaftsorganisationen und Machtverbände kegelförmig hinan, bis dort oben, wo sie selbst steht, steinern und blitzend! Leben in ihr, haben teil an ihr, unerbittlich gegen die, die ihr ferner sind, und triumphierend, noch wenn sie uns zerschmettert: denn so rechtfertigt sie unsere Liebe! ... Einer der Schutzleute, deren Kette das Tor absperrte, stieß Diederich vor die Brust, dass ihm der Atem ausblieb; er aber hatte die Augen so voll Siegestaumel, als reite er selbst über alle diese Elenden hinweg, die gebändigt ihren Hunger verschluckten. Ihm nach! Dem Kaiser nach! Alle fühlten wie Diederich. Eine Schutzmannskette war zu schwach gegen so viel Gefühl; man durchbrach sie. Drüben stand eine zweite. Man musste abbiegen, auf Umwegen den Tiergarten erreichen, einen Durchschlupf finden. Wenige fanden ihn; Diederich war allein, als er auf den Reitweg hinausstürzte, dem Kaiser entgegen, der auch allein war. Ein Mensch im gefährlichsten Zustand des Fanatismus, beschmutzt, zerrissen, mit Augen wie ein Wilder: der Kaiser, vom Pferd herunter, blitzte ihn an, er durchbohrte ihn. Diederich riss den Hut ab, sein Mund stand weit offen, aber der Schrei kam nicht. Da er zu plötzlich anhielt, glitt er aus und setzte sich mit Wucht in einen Tümpel, die Beine in der Luft, umspritzt von Schmutzwasser. Da lachte der Kaiser. Der Mensch war ein Monarchist, ein treuer Untertan! Der Kaiser wandte sich nach seinen Begleitern um, schlug sich auf den Schenkel und lachte. Diederich aus seinem Tümpel sah ihm nach, den Mund noch offen.

(Aus: Der Untertan. 37. Auflage. München 1995, S. 55–58)

Übung

***Übung 6** Geben Sie den Inhalt der vorliegenden Textstelle wieder und ordnen Sie sie in den Kontext der Novelle ein! Untersuchen Sie die sprachliche Gestaltung der Textstelle! Zeigen Sie die Bedeutung der Textstelle für die gesamte Novelle!*
► Lösung Seite 142

Info

Gerhart Hauptmann, geboren 1862 in Bad Salzbrunn/Schlesien, gestorben 1946 in Agnetendorf/Schlesien, wichtigster Vertreter des Naturalismus
Erzählungen und Dramen, z. B. *Der Biberpelz* (1888), *Vor Sonnenaufgang* (1899)

Lesetext

Gerhart Hauptmann (1862–1946)
Auszug aus *Bahnwärter Thiel* (1887)

(...) Thiel hatte Licht gemacht. Sein erster Blick, nachdem er die Fassung wiedergewonnen, galt der Uhr. Es lagen kaum fünf Minuten zwischen jetzt und der Ankunft des Schnellzuges. Da er glaubte, das Signal überhört zu haben, begab er sich, so schnell als Sturm und Dunkelheit erlaubten, nach der Barriere. Als er noch damit beschäftigt war, diese zu schließen, erklang die Signalglocke. Der Wind zerriss ihre Töne und warf sie nach allen Richtungen auseinander. Die Kiefern bogen sich und rieben unheimlich knarrend und quietschend ihre Zweige aneinander. Einen Augenblick wurde der Mond sichtbar, wie er gleich einer blassgoldnen Schale zwischen den Wolken lag. In seinem Lichte sah man das Wühlen des Windes in den schwarzen Kronen der Kiefern. Die Blattgehänge der Birken am Bahndamm wehten und flatterten wie gespenstige Rossschweife. Darunter lagen die Linien der Geleise, welche, vor Nässe glänzend, das blasse Mondlicht in einzelnen Flecken aufsaugten.
Thiel riss die Mütze vom Kopfe. Der Regen tat ihm wohl und lief vermischt mit Tränen über sein Gesicht. Es gärte in seinem Hirn; unklare Erinnerungen an das, was er im Traum gesehen, verjagten einander. Es war ihm gewesen, als würde Tobias von jemand gemisshandelt, und zwar auf eine so entsetzliche Weise, dass ihm noch jetzt bei dem Gedanken daran das Herz stille stand. Einer anderen Erscheinung erinnerte er sich deutlicher. Er hatte seine verstorbene Frau gesehen. Sie war irgendwoher aus der Ferne gekommen, auf einem der Bahngeleise. Sie hatte recht kränklich ausgese-

hen, und statt der Kleider hatte sie Lumpen getragen. Sie war an Thiels Häuschen vorübergekommen, ohne sich darnach umzuschauen, und schließlich – hier wurde die Erinnerung undeutlich – war sie aus irgendwelchem Grunde nur mit großer Mühe vorwärts gekommen und sogar mehrmals zusammengebrochen.
Thiel dachte weiter nach, und nun wusste er, dass sie sich auf der Flucht befunden hatte. Es lag außer allem Zweifel, denn weshalb hätte sie sonst diese Blicke voll Herzensangst nach rückwärts gesandt und sich weitergeschleppt, obgleich ihr die Füße den Dienst versagten. O diese entsetzlichen Blicke!
Aber es war etwas, das sie mit sich trug, in Tücher gewickelt, etwas Schlaffes, Blutiges, Bleiches, und die Art, mit der sie darauf niederblickte, erinnerte ihn an Szenen der Vergangenheit.
Er dachte an eine sterbende Frau, die ihr kaum geborenes Kind, das sie zurücklassen musste, unverwandt anblickte, mit einem Ausdruck tiefsten Schmerzes, unfassbarer Qual, jenem Ausdruck, den Thiel ebensowenig vergessen konnte, wie dass er einen Vater und eine Mutter habe.
Wo war sie hingekommen? Er wusste es nicht. Das aber trat ihm klar vor die Seele: sie hatte sich von ihm losgesagt, ihn nicht beachtet, sie hatte sich fortgeschleppt immer weiter und weiter durch die stürmische, dunkle Nacht. Er hatte sie gerufen: „Minna, Minna", und davon war er erwacht.
Zwei rote, runde Lichte drangen wie die Glotzaugen eines riesigen Ungetüms durch die Dunkelheit. Ein blutiger Schein ging vor ihnen her, der die Regentropfen in seinem Bereich in Blutstropfen verwandelte. Es war, als fiele ein Blutregen vom Himmel. Thiel fühlte ein Grauen und, je näher der Zug kam, eine umso größere Angst; Traum und Wirklichkeit verschmolzen ihm in eins. Noch immer sah er das wandernde Weib auf den Schienen, und seine Hand irrte nach der Patronentasche, als habe er die Absicht, den rasenden Zug zum Stehen zu bringen. Zum Glück war es zu spät, denn schon flirrte es vor Thiels Augen von Lichtern, und der Zug raste vorüber. (...)

(Aus: Bahnwärter Thiel. Stuttgart 1970, S. 22 f.)

1.2 Lyrik

Als Grundlage für die Interpretation von lyrischen Texten werden auf der Oberstufe Gedichte aus allen literarischen Epochen verwendet.
In aller Regel lautet die Aufgabenstellung: „Interpretieren Sie das folgende Gedicht!" In diesem Fall muss man Leitfragen formulieren, nach denen man den lyrischen Text untersucht. Die wichtigsten Leitfragen können Sie in Arbeitsschritt 5 lernen.
Manchmal werden die Arbeitsaufgaben auch genau formuliert. Eine typische Aufgabenstellung für die Interpretation von Gedichten ist z. B. „Interpretieren Sie das folgende Gedicht! Fassen Sie Inhalt und Aussage zusammen. Wie wird das Thema sprachlich gestaltet? In welchem Verhältnis steht das lyrische Ich zur poetischen Wirklichkeit?"

Info

Überblick über die literarischen Epochen

Mittelalter (ca. 750–1350)
Frühneuhochdeutsche Literatur (ca. 1350–1600)
Barock (ca. 1600–1720)
Aufklärung (ca. 1720–1785)
Sturm und Drang (ca.1770–1785)
Klassik (ca. 1786–1805/1832)
Romantik (ca. 1798–1835)
Junges Deutschland (ca. 1830–1850)
Biedermeier (ca. 1815–1848)
Realismus (ca. 1850–1890)
Naturalismus (ca. 1880–1900)
Impressionismus und Symbolismus (ca. 1883–1923)
Expressionismus (ca. 1910–1925)
Weimarer Republik bis Ende des Nationalsozialismus (1919–1945)
Gegenwartsliteratur

1.2.1 Arbeitsschritte

Wie für die Interpretation von epischen Texten so ist es auch für die Beschäftigung mit Lyrik schwierig, konkrete und generell gültige Rezepte für die Abfassung eines Aufsatzes zu geben, weil das subjektive Verständnis beim Schreiben eine Rolle spielt und weil sich das Textverständnis im Laufe der Beschäftigung verändern kann. Mit den nachfolgenden Arbeitsschritten lassen sich aber die meisten Aufgabenstellungen bewältigen. In jedem Fall muss man beachten, was genau verlangt ist.

1. Gedicht mehrmals genau lesen, unbekannte Wörter klären.
2. Thema des Gedichtes in einem Satz oder in zwei Sätzen zusammenfassen.
3. Intention (Absicht) des Dichters feststellen und notieren.
   (Dieses Vorverständnis kann nach der intensiven Beschäftigung mit dem Text gegebenenfalls modifiziert werden.)
4. Gedicht in Handlungs- und Sinnabschnitte einteilen, Überschriften finden und einzelne Abschnitte kurz zusammenfassen, dabei direkte Rede in indirekte Rede umformen.
5. Geeignete Leitfragen für die textimmanente Interpretation eines lyrischen Textes formulieren, wenn Aufgabenstellung keine Leitfragen enthält.

Leitfragen zur Interpretation lyrischer Texte

Welche Leitfragen Ihnen das Textverständnis erhellen, müssen Sie selbst jeweils am Text entscheiden. Grundsätzlich können Sie die folgenden Fragen für jeden Text verwenden; dabei werden Sie nicht alle Fragen bei jeder Interpretation benötigen, außerdem sind die Fragen dem jeweiligen Text anzupassen (vgl. 1.2.4).

- Wie lassen sich Inhalt und Aussage zusammenfassen?
- Wer steht im Mittelpunkt der Gedanken, der Handlung?
- Gibt es ein lyrisches Ich?
- In welcher Gefühlssituation befindet sich das lyrische Ich?
- Was lässt sich über die beteiligten Personen aussagen?
- Welche Bedeutung haben Raum und Zeit?
- Welche Bedeutung kommt dem Titel zu?
- Welche sprachlichen und formalen Gestaltungsmittel werden verwendet, wie unterstützen sie die Aussage?
- Gibt es Schlüsselbegriffe?
- Sind Anspielungen historischer, philosophischer, theologischer Art erkennbar?
- Was will das Gedicht möglicherweise bewirken?
- Wie spiegeln sich die Biografie des Dichters und die literarische Epoche in dem Gedicht wider?
- Wie sind Realitäts- und Aktualitätsbezug des Gedichts zu beurteilen?

Info

6. Stoffsammlung zu den Leitfragen aus der Aufgabenstellung oder Arbeitsschritt 5 erstellen.
7. Gliederung des Aufsatzes entwerfen.
8. Ausarbeitung des Aufsatzes formulieren.
9. Aufsatz nochmals durchlesen, auf Rechtschreibung, Zeichensetzung und gute Verständlichkeit des Ausdrucks achten.

1.2.2 Aufbau und Sprache des Aufsatzes

Aufbau des Aufsatzes

A. Einleitung

Dichter, Titel, literarische Gattung, Thema
evtl. auch kurze Zusatzinformationen über Autor und literarische Epoche

B. Hauptteil
Leitfragen aus der Aufgabenstellung
oder
Leitfragen aus Arbeitsschritt 6 (wenn keine Leitfragen in der Aufgabenstellung)

C. Schluss
Aktualität des Gedichts oder
Versuch einer Wertung oder
literaturgeschichtliche Bedeutung

Sprache des Aufsatzes

- Schreibhaltung objektiv und distanziert
- Präsens oder Perfekt (um Vorzeitigkeit auszudrücken) benutzen
- Formulierungen kurz, sachlich und präzise
- in Inhaltsangabe keine eigene Wertung, z. B. in Form wertender Attribute, und keine Zitate
- Umwandlung der direkten Rede in die indirekte Rede, dabei unbedingt Konjunktiv verwenden
- vom Wortlaut des Textes lösen und in eigenen Worten schreiben
- Behandlung der Leitfragen immer (Ausnahme: Inhaltsangabe) mit Textbezug (Zitate!)
- Fachbegriffe verwenden

Textverweis

Üben Sie die Umformung direkte Rede → indirekte Rede in Ü 1 (Bd. 1) und Ü 2 (Bd. 1)! Üben Sie richtiges Zitieren in Ü 27 (Bd. 1)!

1.2.3 Fachbegriffe der Lyrik

Fachbegriff	Erklärung
Alexandriner	Reimvers mit sechshebigem → Jambus, der nach der dritten Hebung eine deutliche Zäsur aufweist (aus gr. „Zurückschlagen“)
Anapäst	dreisilbiger → Versfuß, der aus zwei kurzen (unbetonten) Silben und einer langen (betonten) Silbe besteht

Auftakt	unbetonte, der ersten Hebung vorangehende Silbe(n) am Versanfang
Binnenreim	→ Reimformen
Blankvers	reimloser, fünfhebiger → Jambus
Daktylus	(gr. Finger) dreisilbiger → Versfuß, der aus einer langen (betonten) Silbe und zwei kurzen (unbetonten) Silben besteht
Gedankenlyrik	Gedicht, in dem philosophische oder theologische Gedanken gestaltet werden
Jambus	(gr. „schleudern") zweisilbiger → Versfuß, der aus einer kurzen (unbetonten) und einer langen (betonten) Silbe besteht
Kadenz	(zu lat. „fallen") Form des Versendes, einsilbig (= stumpfe oder männliche Kadenz) oder zweisilbig (= klingende oder weibliche Kadenz)
Konkrete Poesie	Form der modernen Lyrik, die sich der Sprache z. B. unter visuellen oder akustischen Gesichtspunkten bedient (z. B. in Form ornamentaler Anordnung)
Kreuzreim	→ Reimformen
lyrisches Ich	Bezeichnung für den Sprecher im Gedicht (= Erzähler in epischen Texten), darf nicht mit dem Dichter verwechselt werden
Metrum	(gr. „Maß") Bezeichnung für Versmaß, das sich nach Betonung und Dauer bestimmt und den Takt (Versfuß) als kleinste rhythmische Einheit hat. Aufgrund der natürlichen Sinnbetonung unterscheidet man z. B. → Jambus, → Trochäus, → Daktylus, → Anapäst.
Paarreim	→ Reimformen

Fachbegriff	Erklärung
Reimformen	Binnenreim: Reimwörter innerhalb einer Verszeile Kreuzreim: ab Paarreim: aabb umschließender Reim: abba Schweifreim: aabccb
Rhythmus	(zu gr. „fließen“) harmonische Sprachbewegung, die aus dem Metrum und der dem natürlichen Sinn folgenden Betonung resultiert
Schweifreim	→ Reimformen
Sonett	(zu ital. „Ton“, „Klang“) streng aufgebaute Gedichtform, bestehend aus zwei Quartetten und zwei Terzetten
Takt	→ Metrum
Terzine	Kettenreim (aba bcb cdc ded usw.), bestehend aus fünffüßigen Jamben
Trochäus	(gr. „laufen“) zweisilbiger Versfuß, der aus einer langen (betonten) und einer kurzen (unbetonten) Silbe besteht
umschließender Reim	→ Reimformen
Vers	(lat. „Reihe“, „Zeile“, „Umwendung“) gegliederte, poetisch gestaltete Wortfolge (Gegensatz: Prosa)
Versfuß	→ Metrum

1.2.4 Ausführung der Arbeitsschritte anhand eines Beispiels

Arbeitsaufgabe:
Interpretieren Sie das folgende Gedicht von Martin Opitz!

Martin Opitz, geboren 1597 in Bunzlau, gestorben 1639 in Danzig, „Vater der deutschen Dichtung", formulierte ein konsequentes Reformprogramm für die deutschsprachige Dichtung: *Buch von der Deutschen Poeterey* (1624, erste deutschsprachige Poetik)

Martin Opitz (1597–1639)
***Francisci Petrarchae* (um 1620)**

Ist Liebe lauter nichts / wie dass sie mich entzündet?
Ist sie dann gleichwol was / wem ist jhr Thun bewusst?
Ist sie auch gut vnd recht / wie bringt sie böse Lust?
Ist sie nicht gut / wie dass man Frewd' aus jhr empfindet?
Lieb' ich ohn allen Zwang / wie kan ich Schmertzen tragen?
Muss ich es thun / was hilfft's dass ich solch Trawren führ'?
Heb' ich es vngern an / wer dann befihlt es mir?
Thue ich es aber gern' / vmb was hab' ich zu klagen?
Ich wancke wie das Graß so von den kühlen Winden
Vmb Versperzeit bald hin geneiget wird / bald her:
Ich walle wie ein Schiff das durch das wilde Meer
Von Wellen vmbgejagt nicht kan zu Rande finden.
Ich weis nicht was ich wil / ich wil nicht was ich weis:
Im Sommer ist mir kalt / im Winter ist mir heiß.

(Aus: Gesammelte Werke. Hrsg. von George Schulz-Behrend. Bd. 2. Stuttgart 1979)

Lösungsvorschlag:

1. **Text mehrmals genau lesen, unbekannte Wörter klären.**

2. **Thema des Gedichtes in einem Satz oder in zwei Sätzen zusammenfassen.**
   Opitz beschäftigt sich bei seinem Versuch, das Phänomen „Liebe" zu definieren, mit den verschiedenen Erscheinungsformen dieser menschlichen Emotion.

3. **Intention (Absicht) des Dichters feststellen und notieren.**
   Liebe entzieht sich einer klaren Definition, sie lässt sich nur in ihrer Widersprüchlichkeit beschreiben und erleben.

4. Text in Handlungs- und Sinnabschnitte einteilen, Überschriften finden und einzelne Abschnitte kurz zusammenfassen, dabei direkte Rede in indirekte Rede umformen.

Martin Opitz (1597–1639)
***Francisci Petrarchae* (um 1620)**

Ist Liebe lauter nichts /
wie dass sie mich entzündet?
Ist sie dann gleichwol was /
wem ist jhr Thun bewusst?
Ist sie auch gut vnd recht /
wie bringt sie böse Lust?
Ist sie nicht gut /
wie dass man Frewd' aus jhr empfindet?
Lieb' ich ohn allen Zwang /
wie kan ich Schmertzen tragen?
Muss ich es thun /
was hilfft's dass ich solch Trawren führ'?
Heb' ich es vngern an / wer dann befihlt es mir?
Thue ich es aber gern' /
vmb was hab' ich zu klagen?
Ich wancke wie das Graß so von den kühlen Winden
Vmb Versperzeit bald hin geneiget wird /
bald her:
Ich walle wie ein Schiff das durch das wilde Meer
Von Wellen vmbgejagt nicht kan zu Rande finden.
Ich weis nicht was ich wil /
ich wil nicht was ich weis:
Im Sommer ist mir kalt / im Winter ist mir heiß.

Existiert Liebe? Liebe wirkt zwar im Menschen, aber man wird ihrer nicht gewahr. Ist Liebe gut oder schlecht? Liebe führt zu bösem Verlangen, aber auch zu Freude.

Liebt man freiwillig und gern oder unfreiwillig und ungern?

Fazit: Aufgabe des Definitionsversuchs; lyr. Ich erlebt Widersprüchlichkeit am eigenen Leibe.

(Aus: Gesammelte Werke. Hrsg. von George Schulz-Behrend. Bd. 2. Stuttgart 1979)

5. Geeignete Leitfragen für die textimmanente Interpretation eines epischen Textes formulieren, wenn Aufgabenstellung keine Leitfragen enthält.

1. Wie lassen sich Inhalt und Aussage zusammenfassen?
2. In welcher Gefühlssituation befindet sich das lyrische Ich?
3. Welche sprachlichen und formalen Gestaltungsmittel werden verwendet, wie unterstützen sie die Aussage?
4. Wie spiegelt sich die literarische Epoche in dem Gedicht wider?
5. Wie sind Realitäts- und Aktualitätsbezug des Gedichts zu beurteilen?

6. **Stoffsammlung zu den Leitfragen aus der Aufgabenstellung oder Arbeitsschritt 5 erstellen.**

   1. **Leitfrage: Wie lassen sich Inhalt und Aussage zusammenfassen?**
      Vgl. Arbeitsschritte 3 und 4.

   2. **Leitfrage: In welcher Gefühlssituation befindet sich das lyrische Ich?**
      Lyrisches Ich mit der Frage, was Liebe eigentlich sei. Definitionsversuche in Quartetten als Ausdruck der Suche; Liebe entzieht sich jeder Definition – wird für lyrisches Ich in Terzetten klar: Unentschiedenheit und Gefühl des Ausgeliefertseins in V. 9 ff.
      Aufgabe des Definitionsversuchs und Beschreibung der Unruhe und Unentschiedenheit in V. 13 f.

   3. **Leitfrage: Welche sprachlichen und formalen Gestaltungsmittel werden verwendet, wie unterstützen sie die Aussage?**

Sprachliche und formale Mittel	Zitat und Belegstelle	Bezug zu Intention und Wirkung
Gedichtform: Sonett	Quartette, 2 Terzette Quartette als Fragen formuliert	Quartette mit Versuch, Liebe theologisch-philosophisch zu bestimmen (Existenz, Ethik, Freiwilligkeit) Terzette mit psychologischer Kategorie und Fazit: Verzicht auf Definition, Beschreibung der Wirkung
Metrum: sechshebige Jamben mit Zäsur nach 3. Hebung (= Alexandriner)	Ist Líebe láuter níchts / wie dáss sie mích entzúendet? (V. 1)	Teilung des Verses nach 3. Hebung in These und Antithese (Ausnahme V. 8–11)
Parallelismus		gleiche syntaktische Konstruktion (Prädikat,

Sprachliche und formale Mittel	Zitat und Belegstelle	Bezug zu Intention und Wirkung
		Subjekt, Fragesatz) steigert Eindringlichkeit des Anliegens
Reimform umarmender Reim Paarreim	V. 5–8, V. 9–12 V. 13 f.	Zusammengehörendes wird mit Reim verbunden: Vorüberlegungen als umarmender Reim, Fazit als Paarreim
Tautologie	„gut vnd recht" (V. 3)	besondere Betonung der Eigenschaft
Attribut	„gut vnd recht", „böse" (V. 3)	ethische Bewertung der Eigenschaften
Antithetik		Versuch über antithetische Struktur zu einer Definition zu kommen
Vergleich	„Ich wancke wie das Graß (...)" (V. 9) „Ich walle wie ein Schiff (…)" (V. 11)	Lyrisches Ich fühlt sich Widersprüchen der Liebe ausgeliefert, Unmöglichkeit eigene Definition des Phänomens zu finden
Anapher	„Ist sie dann gleichwol was / wem ist jhr Thun bewusst? Ist sie auch gut vnd recht / wie bringt sie böse Lust? Ist sie nicht gut / wie dass man Frewd' aus jhr empfindet?" (V. 2–4)	Steigerung der Wirkung des Fragesatzes, deutet auf Wichtigkeit der Frage hin
Enjambement	V. 9 f. und V. 11 f.	verdeutlicht Dynamik der Metapher

Inversion	„Vmb Versperzeit bald hin geneiget wird / bald her" (V. 10)	Hervorhebung der Unentschiedenheit
Assonanz	„Ich weis nicht was ich wil / ich wil nicht was ich weis" (V. 13)	s. Chiasmus
Chiasmus	„Ich weis nicht was ich wil / ich wil nicht was ich weis" (V. 13)	eingängige, auffällige Wendung, die mangelnde Entschlusskraft des lyrischen Ich unterstreicht
Wortspiel	„Ich weis nicht was ich wil / ich wil nicht was ich weis" (V. 13)	s. Chiasmus
Metapher	„Im Sommer ist mir kalt / im Winter ist mir heiß" (V. 14)	Liebe entzieht sich kausaler Annäherung; auch: Beschreibung des emotionalen Zustandes des lyrischen Ich

4. **Leitfrage: Wie spiegelt sich die literarische Epoche in dem Gedicht wider?**
   Entstanden in der Zeit des Barock; vorherrschendes Thema von Barock-Gedichten: Leben angesichts Zerstörung der Welt; widerspruchsvolle „Lösung": Lebensgenuss bzw. Orientierung am Unvergänglichen. Widersprüchlichkeit, Antithetik, ist auch Strukturelement im Sonett von Opitz. Sonett als beliebte Gedichtform des Barock: Beschreibung eines Sachverhaltes (Quartette) und Lösung des Sachverhaltes (Terzette).

5. **Leitfrage: Wie sind Realitäts- und Aktualitätsbezug des Gedichts zu beurteilen?**
   Thema „Liebe" oftmals lyrisch gestaltet; misslungene Gestaltung häufig in Schlagern mit trivialen und klischeehaften Formulierungen und Aussagen; Opitz schreibt keine „Herz-Schmerz-Dichtung", sondern unternimmt ernst gemeinten Versuch einer Definition des Phänomens; Eingeständnis des Scheiterns eines Definitionsversuchs wirkt ehrlich, Beschreibung des Gefühlszustandes des lyrischen Ich am Ende wird dem Phänomen „Liebe" am ehesten gerecht.

7. **Gliederung des Aufsatzes entwerfen.**

A. Einleitung
Dichter, Titel, literarische Gattung, Thema

B. Hauptteil
I. Inhalt und Aussage
II. Formale und sprachliche Gestaltung
III. Literarische Epoche

C. Schluss
Aktualität des Gedichts

8. **Ausarbeitung des Aufsatzes formulieren.**

A. Einleitung
In dem um 1620 entstandenen Sonett *Francisci Petrarchae* lässt Martin Opitz das lyrische Ich den Versuch unternehmen das Phänomen „Liebe" durch seine verschiedenen Erscheinungsformen zu definieren.

B. Hauptteil

I. Inhalt und Aussage
Das Gedicht weist eine klare inhaltliche Struktur auf, wobei in den Quartetten die Existenz der Liebe, die ethische Bewertung und die Freiwilligkeit des Menschen im Vordergrund stehen, während in den Terzetten das Ergebnis der Überlegungen zusammengefasst wird: Im ersten Quartett geht Opitz der Frage nach, ob Liebe überhaupt existiere. Sie wirke zwar im Menschen, ihre Tätigkeit werde dem Menschen aber nicht bewusst. Auch in ethischer Hinsicht sei Liebe ambivalent zu bewerten: Auf der einen Seite führe sie zu bösem Verlangen, auf der anderen Seite auch zu Freude. Im zweiten Quartett geht es um die Frage, ob der Mensch freiwillig und gern oder unfreiwillig und ungern liebe. Eine konkrete Antwort muss das lyrische Ich auch hier wieder schuldig bleiben. Aus diesem Grund gibt es seinen Definitionsversuch in den Terzetten schließlich auf und beschreibt die Widersprüchlichkeit und Unentschiedenheit, die es am eigenen Leibe erfährt.
Martin Opitz möchte mit diesem Sonett deutlich machen, dass sich Liebe einer klaren kausallogischen Definition verschließt. Sie lässt sich nur, so wie es das lyrische Ich am Ende erlebt, in ihrer Widersprüchlichkeit empfinden.

II. Formale und sprachliche Gestaltung

Auch die zum Einsatz kommenden formalen und sprachlichen Mittel unterstützen diese Aussage: Betrachtet man zunächst die Reimform, so fällt auf, dass die philosophischen, theologischen und psychologischen Ausführungen als umarmende Reime gestaltet sind, während das Fazit durch den Paarreim als zusammengehörig ausgewiesen wird.

In der Binnenstruktur des Verses unterstützt der Alexandriner den antithetischen Aufbau: Im ersten Vers beispielsweise ist nach der dritten Hebung, „Ist Liebe lauter nichts (...)", auch die erste These in Form eines Bedingungssatzes abgeschlossen, der zweite Teil des Verses mit der vierten, fünften und sechsten Hebung, „(...) wie dass sie mich entzündet?", enthält das Gegenargument. Ins Neuhochdeutsche übersetzt, würde dieser Vers etwa lauten: „Wenn Liebe überhaupt nicht existiert, wie kann es dann passieren, dass sie mich erfüllt?" Auch für die anderen Verse gilt, mit Ausnahme der Verse 8–11, dieser Zusammenhang zwischen Metrik und inhaltlicher Struktur.

Die parallele syntaktische Struktur der Verse 1–8 steigert zusammen mit drei Anaphern (vgl. V. 2–4) die Wirkung der Fragesätze. Sie unterstreichen die Wichtigkeit, die die Klärung der Frage für das lyrische Ich hat. Die Wahl positiver und negativer Attribute, z. B. „gut vnd recht" (V. 3), „böse" (V. 3), und die tautologische Formulierung „gut vnd recht" (V. 3) betonen in besonderer Weise die widersprüchlichen Eigenschaften der Liebe.

In Vers 9 und Vers 11 vergleicht das lyrische Ich sein Hinundherpendeln zwischen den unterschiedlichen Erklärungsansätzen mit einem Grashalm, der vom Wind bewegt wird, und mit einem Schiff, das ein Spielball der Wellen ist, auf denen es schaukelt. Die Dynamik dieser Bewegung wird durch die beiden Enjambements in V. 9 f. und 10 f. verstärkt. Diese Sätze teilen den seelischen Zustand des lyrischen Ich mit; die gelehrt anmutende antithetische Struktur der Quartette wird an dieser Stelle aufgegeben, um den aktuellen psychischen Zustand metaphorisch zu vermitteln. Auch die Inversion in V. 10 hebt durch das nachgestellte „bald her" die Unentschiedenheit des lyrischen Ich hervor. Der Griff zur metaphorischen Ausdrucksweise zeigt, dass sich Liebe also einer kausallogischen Erklärung verschließt. Allein Metaphern vereinen die rational nicht fassbare Widersprüchlichkeit.

Als Metapher im weitesten Sinne lässt sich der Chiasmus in Vers 13 „Ich weis nicht was ich wil / ich wil nicht was ich weis", in besonderem Maße aber der Kontrast in Vers 14 deuten: „Im Sommer ist mir kalt / im Winter ist mir heiß." Hier wird vollends klar, dass Liebe sich jeglicher kausallogischer Annäherung entzieht. Die Erwartungen, die aus Erfahrungen resultieren, entsprechen dem Phänomen „Liebe" nicht. Diese Metapher könnte im Übrigen auch ein Hinweis auf den emotionalen Zustand des verliebten lyrischen Ich sein, das sich Gefühlen ausgesetzt sieht, die sich nicht mehr aus der Realität bzw. nach rational fassbaren Prinzipien erklären lassen.

III. Literarische Epoche

Das Gedicht, das dem italienischen Liebeslyriker Francesco Petrarca gewidmet ist, ist in der Zeit des Barock entstanden. Opitz bedient sich der in dieser Zeit sehr beliebten Sonettform und auch sein Thema behandelt er in einer für diese literarische Epoche typischen Weise: Das prägende Lebensgefühl des 17. Jahrhunderts war von dem Zwiespalt zwischen Lebensgenuss auf der einen und Orientierung am Unvergänglichen auf der anderen Seite bestimmt. Das in vielen Barock-Gedichten vorherrschende Thema „Leben angesichts allgegenwärtiger Vergänglichkeit" übernimmt Opitz zwar nicht, dafür bedient er sich aber des beliebten Strukturprinzips der Antithetik. Form, Struktur und schließlich auch das Thema „Liebe" machen *Francisci Petrarchae* zu einem typischen Barock-Gedicht.

C. Schluss

„Liebe" gehört seit der Antike zu den Lieblingsthemen der Lyriker. Dabei trifft man häufig auf misslungene Gestaltungsweisen, so z. B., wenn in modernen Schlagern triviale und klischeehafte Formulierungen das Phänomen definieren wollen. Opitz schrieb schon vor mehr als dreihundert Jahren keine „Herz-Schmerz-Dichtung", sondern er unternimmt einen ernst gemeinten Versuch einer Beschreibung des Phänomens. Das Eingeständnis des Scheiterns eines solchen Versuchs wirkt ehrlich. Die Beschreibung des Gefühlszustandes des lyrischen Ich am Ende des Gedichtes wird dem komplexen Phänomen „Liebe" wohl auch in unserer heutigen Zeit noch am ehesten gerecht.

9. Aufsatz nochmals durchlesen, auf Rechtschreibung, Zeichensetzung und gute Verständlichkeit des Ausdrucks achten.

1.2.5 Übungen

Übung 7 *Analysieren Sie die formalen und sprachlichen Mittel in dem Gedicht* Willkommen und Abschied *von Johann Wolfgang Goethe! Klären Sie dabei den jeweiligen Bezug zu Intention und Wirkung!*
► *Lösung Seite 143*

Johann Wolfgang Goethe, geboren 1749 in Frankfurt am Main, gestorben 1832 in Weimar. Studium der Rechtswissenschaft, neben Schiller bedeutendster Autor des Sturm und Drang und der Klassik
Dramen, Romane, Erzählungen, z. B. *Iphigenie auf Tauris* (1779), *Faust* (1808), *Wilhelm Meisters Wanderjahre* (1821)

Johann Wolfgang Goethe (1749–1832):
***Willkommen und Abschied* (1771)**

Es schlug mein Herz, geschwind zu Pferde!
Es war getan fast eh gedacht.
Der Abend wiegte schon die Erde,
Und an den Bergen hing die Nacht;
Schon stand im Nebelkleid die Eiche,
Ein aufgetürmter Riese, da,
Wo Finsternis aus dem Gesträuche
Mit hundert schwarzen Augen sah.

Der Mond von einem Wolkenhügel
sah kläglich aus dem Duft hervor,
Die Winde schwangen leise Flügel,
Umsausten schauerlich mein Ohr;
Die Nacht schuf tausend Ungeheuer,
Doch frisch und fröhlich war mein Mut:
In meinen Adern welches Feuer!
In meinem Herzen welche Glut!

Dich sah ich, und die milde Freude
Floss von dem süßen Blick auf mich;
Ganz war mein Herz an deiner Seite
Und jeder Atemzug für dich.
Ein rosenfarbnes Frühlingswetter
Umgab das liebliche Gesicht,
Und Zärtlichkeit für mich – ihr Götter!
Ich hofft es, ich verdient es nicht!

Doch ach, schon mit der Morgensonne
Verengt der Abschied mir das Herz:
In deinen Küssen welche Wonne!
In deinem Auge welcher Schmerz!
Ich ging, du standst und sahst zur Erden
Und sahst mir nach mit nassem Blick:
Und doch, welch Glück, geliebt zu werden!
Und lieben, Götter, welch ein Glück!

(Aus: Gedichte. Herausgegeben von Paul Stapf. Wiesbaden o. J., S. 76)

Zitat und Belegstelle	Sprachliche und formale Mittel	Bezug zu Intention und Wirkung
„Herz" (V. 1)	Symbol	steht für Ort des intensiven Gefühls und der Liebe
„Es schlug mein Herz, geschwind zu Pferde! / Es war getan fast eh gedacht" (V. 1 f.)		
„Der Abend wiegte schon die Erde" (V. 3)		
„Schon stand im Nebelkleid die Eiche" (V. 5)		
„ein aufgetürmter Riese" (V. 6)		
„Wo Finsternis aus dem Gesträuche / Mit hundert schwarzen Augen sah" (V. 7 f.)		
„hundert schwarze( ) Augen" (V. 8)		
„Der Mond von einem Wolkenhügel / sah kläglich		

aus dem Duft hervor" (V. 9 f.)
„Die Nacht schuf tausend Ungeheuer, / Doch frisch und fröhlich war mein Mut:" (V. 13 f.)
„In meinen Adern welches Feuer! / In meinem Herzen welche Glut!" (V. 15 f.)
„Dich sah ich, und die milde Freude / Floss von dem süßen Blick auf mich" (V. 17 f.)
„Ein rosenfarbnes Frühlingswetter / Umgab das liebliche Gesicht" (V. 21 f.)
„Doch ach, schon mit der Morgensonne / Verengt der Abschied mir das Herz" (V. 25 f.)
„In deinen Küssen welche Wonne! / In deinem Auge welcher Schmerz!" (V. 27 f.)
„Und sahst mir nach mit nassem Blick" (V. 30)
„Und doch, welch Glück, geliebt zu werden! / Und lieben, Götter, welch ein Glück!" (V. 31 f.)

Übung

Übung 8 *Interpretieren Sie das Gedicht von Andreas Gryphius! Achten Sie dabei besonders darauf, wie die formale und sprachliche Gestaltung die Aussage unterstützt!*

► *Lösung Seite 144*

Info

Andreas Gryphius, geboren 1616 in Glogau/Schlesien, gestorben 1664 in Glogau/Schlesien. Hauslehrer, einer der wichtigsten Dichter des Barock
Dramen und Gedichte, z. B. *Horribilicribifax* (1663)

Lesetext

Andreas Gryphius (1616–1664)
An sich selbst

Mir grauet vor mir selbst, mir zittern alle Glieder,
Wenn ich die Lipp und Nas und beider Augen Kluft,
Die blind vom Wachen sind, des Atems schwere Luft
Betracht und die nun schon erstorbnen Augenlider.

Die Zunge, schwarz vom Brand, fällt mit den Worten nieder
Und lallt, ich weiß nicht was; die müde Seele ruft
Dem großen Tröster zu; das Fleisch ruft nach der Gruft;
Die Ärzte lassen mich, die Schmerzen kommen wieder.

Mein Körper ist nicht mehr als Adern, Fell und Bein.
Das Sitzen ist mein Tod, das Liegen meine Pein.
Die Schenkel haben selbst nun Träger wohl vonnöten.

Was ist der hohe Ruhm, und Jugend, Ehr und Kunst?
Wenn diese Stunde kommt, wird alles Rauch und Dunst,
Und eine Not muss uns mit allem Vorsatz töten.

(Aus: Deutsche Gedichte. Ausgewählt und eingeleitet von Karl Krolow. Bd. 1. 5. Auflage. Frankfurt am Main 1982, S. 80)

Textverweis

Vollständiger Aufsatz im Lösungsteil!

Übung 9 *Interpretieren Sie das Gedicht von Rolf Haufs!*
▶ *Lösung Seite 147*

> Rolf Haufs, geboren 1935 in Düsseldorf
> kaufmännische Lehre, Redakteur, Gedichte, z. B. *Sonntage in Moabit* (1964)

Rolf Haufs (geb. 1935)
***Jeden Tag* (1986)**

Fällt hin der Mann. Steht auf
Kriegt Fresse voll. Ein Fotograf macht Geld
Mit seinem Blut. Bescheid weiß man
In vieler Welt: weit weg das Sterben
Hier der Duft Jasmin. Die Juniorgel
Wiegt in Schlaf die Neugeborenen
Lass. Lass. Es müsste sonst
Etwas geschehen.

(Aus: Felderland. Gedichte. München, Wien 1986, S. 72)

Übung 10 *Interpretieren Sie das Gedicht von Wislawa Szymborska!*
▶ *Lösung Seite 148*

> Wislawa Szymborska, Studium der polnischen Philologie und Soziologie, Literatur-Nobelpreis 1996
> Gedichte, z. B. *Überfluss* (1979)

Wislawa Szymborska
***Werbeprospekt* (1972)**

Ich bin die Beruhigungstablette.
Ich wirke zu Hause,
habe Erfolg im Amt,
setze mich zum Examen,
stelle mich der Verhandlung,
klebe exakt die zerschlagenen Krüge zusammen –

Nimm mich nur ein,
lass mich zergehen unter der Zunge,
schluck mich nur runter,
spüle mit Wasser nach.

Ich weiß, wie dem Unglück begegnen,
die schlechte Nachricht ertragen,
die Ungerechtigkeit mindern,
das Nichtvorhandensein Gottes erklären,
den kleidsamen Trauerhut wählen.
Was zögerst du noch –
vertraue dem chemischen Mitleid.

Noch bist du jung,
du solltest dich einrichten, denn
wer sagte,
man müsse das Leben tapfer durchleben?

Gib mir nur deinen Abgrund
ich überbrück ihn mit Schlaf,
du wirst mir dankbar sein
für die vier Pfoten des Fallens.

Verkauf mir deine Seele:
Andere Käufer findest du nicht.

Andere Teufel gibt es nicht mehr.

(Aus: Deshalb leben wir. Gedichte. Übertragen und herausgegeben von Karl Dedecius. 4. Auflage. Frankfurt am Main 1996, S. 82 f.)

1.3 Drama

Als Grundlage für die Interpretation von Dramen werden Auszüge aus Komödien, Tragödien, Lustspielen oder Tragikomödien aus verschiedenen literarischen Epochen verwendet. Die jeweiligen Werke werden vor der Klausur im Unterricht besprochen.
Normalerweise werden die Arbeitsaufgaben für die Interpretation genau formuliert. Eine typische Aufgabenstellung für die Interpretation von Auszügen aus Dramen ist z. B. „Fassen Sie den Inhalt der vorliegenden Textstelle zusammen und ordnen Sie sie in den Kontext des Dramas ein! Analysieren Sie den Gesprächsverlauf! Verfolgen Sie die Weiterentwicklung der Figuren und beurteilen Sie Ihre Handlungsweisen!

Wie bei der Interpretation von epischen Ganzschriften beziehen sich die typischen Aufgabenstellungen bei der Interpretation von Dramen auf:
- Inhalt der Textstelle und/oder Kontexteinordnung
- Analyse der Textstelle
- Weiterentwicklung der Figuren oder Bedeutung der Textstelle für das gesamte Werk oder Epochenzugehörigkeit oder Beurteilung

Info

1.3.1 Arbeitsschritte

1. Textstelle mehrmals genau lesen, unbekannte Wörter klären.
2. Thema der Textstelle in einem Satz oder in zwei Sätzen zusammenfassen.
3. Intention (Absicht) des Dichters feststellen und notieren.
   (Dieses Vorverständnis kann nach der intensiven Beschäftigung mit der Textstelle gegebenenfalls modifiziert werden.)
4. Literarische Gattung bestimmen.
5. Textstelle in Handlungs- und Sinnabschnitte einteilen, Überschriften finden und einzelne Abschnitte kurz zusammenfassen, dabei direkte Rede in indirekte Rede umformen und Argumentationsweise beachten.
6. Stoffsammlung zu den Leitfragen aus der Aufgabenstellung erstellen.
7. Gliederung des Aufsatzes entwerfen.
8. Ausarbeitung des Aufsatzes formulieren.
9. Aufsatz nochmals durchlesen, auf Rechtschreibung, Zeichensetzung und gute Verständlichkeit des Ausdrucks achten.

Üben Sie die Analyse von Argumentationsgängen in Ü 10 (Bd. 1)!

Textverweis

1.3.2 Aufbau und Sprache des Aufsatzes

Aufbau des Aufsatzes

A. Einleitung

Dichter, Titel, literarische Gattung, Thema,
eventuell auch kurze Zusatzinformationen über Autor und literarische Epoche
bei Textauszügen: Thema der Textstelle

B. Hauptteil

Leitfragen aus der Aufgabenstellung

C. Schluss
Aktualität des Dramas oder
Versuch einer Wertung oder
literaturgeschichtliche Bedeutung

Sprache des Aufsatzes

- Schreibhaltung objektiv und distanziert
- Präsens oder Perfekt (um Vorzeitigkeit auszudrücken) benutzen
- Formulierungen kurz, sachlich und präzise,
- in Inhaltsangabe keine eigene Wertung, z. B. in Form wertender Attribute, und keine Zitate
- Umwandlung der direkten Rede in die indirekte Rede, dabei unbedingt Konjunktiv verwenden
- vom Wortlaut des Textes lösen und in eigenen Worten schreiben
- Behandlung der Leitfragen immer (Ausnahme: Inhaltsangabe und Kontexteinordnung) mit Textbezug (Zitate!)
- Fachbegriffe verwenden

Textverweis

Üben Sie die Umformung direkte Rede → indirekte Rede in Ü 1 (Bd. 1) und Ü 2 (Bd. 1)! Üben Sie richtiges Zitieren in Ü 27 (Bd. 1)!

1.1.3 Fachbegriffe des Dramas

Fachbegriff	Erklärung
Absurdes Drama	(zu lat. „misstönend)" gestaltet die existentialistische Grunderfahrung der Sinnwidrigkeit menschlicher Existenz in einer sinnentleerten Welt Autoren: Beckett, Ionesco, Genet, Sartre
Akt	(lat. „Abschnitt") in sich einheitlicher und geschlossener Abschnitt eines → Dramas
Analytisches Drama	→ Drama, das Geschehnisse aus der Vergangenheit im Verlaufe der Handlung aufdeckt. Beispiele: Les-

	sing, *Nathan der Weise*, Sophokles, *König Ödipus*; Gegensatz: → Zieldrama
Aristotelisches Drama	im Gegensatz zum → epischen Theater Bezeichnung für streng gebaute, klassische Form des → Dramas; Geschlossenheit wird durch Beachtung der → drei Einheiten erreicht; Ziel: → Katharsis
Auftritt	1. → Szene 2. Erscheinen der Schauspieler auf der Bühne
Botenbericht	dramaturgisches Hilfsmittel, um Ereignisse, deren Darstellung den Zusammenhang der Handlung gefährden oder die bühnentechnischen Voraussetzungen übersteigen würde (z. B. Seeschlachten), in Form eines erzählenden Berichts auf die Bühne zu bringen
Charakter	(gr. „das Eingegrabene", „das Eingeprägte") Bezeichnung für in der Dichtung vorkommende, der Wirklichkeit nachgebildete oder fingierte Figuren, die nicht bloß typisiert, sondern in ihrer Individualität dargestellt werden
Chor	(gr. „Reigentanz", „Tanzplatz", „versammelte Schar von Tänzern") Gruppe von Personen, die durch Zusammenklang ihrer Stimmen eine Einheit bilden und die Handlung wertend, betrachtend oder (voraus-)deutend begleitet
Deus ex machina	(lat. „Gott aus der Maschine") Bezeichnung für Figur (manchmal auch Ereignis), die überraschende Wendung in einem bis dahin unlösbar erschienenen Konflikt herbeiführt (vgl. z. B. Apotheose Jupiters im dritten Akt von Kleists *Amphitryon*)
Dokumentarisches Theater	Form des politischen → Dramas der 60er Jahre, das in einer Art Reportage Material zu brisanten politischen Themen in mehr oder weniger unveränder-

Fachbegriff	Erklärung
	ter Form auf die Bühne bringt; Ziel: Diskussion über politische Themen anregen; Beispiel: Hochhuth, *Der Stellvertreter*, Kipphardt, *In der Sache J. Robert Oppenheimer*
Drama	(gr. „Handlung“) neben Lyrik und Epik eine der drei literarischen Großformen; wird bestimmt durch Darstellung einer meist in sich geschlossenen (→ geschlossenes Drama, Gegensatz: → offenes Drama) und sich auf Monolog und Dialog stützenden Handlung, die auf einer Bühne szenisch präsentiert wird; Handlungsstruktur zumeist bestimmt von: → Exposition, → Peripetie, → Katastrophe; für 5-aktiges → Zieldrama gilt auch das Schema Gustav Freytags: → Exposition (1. Akt), → Steigerung durch erregende Momente (2. Akt), Höhepunkt/→ Peripetie (3. Akt), retardierende Spannungsmomente (4. Akt), → Katastrophe (5. Akt); Einteilung nach Dramenform in z. B. → Tragödie, → Komödie, → Tragikomödie, → episches Theater, → Dokumentartheater, → Lustspiel, → Schauspiel Einteilung nach Weltanschauung in z. B. idealistisches Drama, → absurdes Drama Einteilung nach Epoche in z. B. klassisches Drama, naturalistisches Drama Einteilung nach Aufbau in z. B. → analytisches Drama, → Zieldrama Einteilung nach sozialem Stand z. B. in bürgerliches → Trauerspiel, soziales Drama
Drei Einheiten	mit Bezug auf Aristoteles von frz. Klassizismus geforderter innerer Zusammenhalt des Dramas durch: Einheit der Handlung: vollständige Handlung mit Anfang und Ende ohne Abschweifungen Einheit des Ortes: gleich bleibender Spielort Einheit der Zeit: 24 Stunden als Zeitvorgabe für gesamte Handlung

Entfaltungsdrama	→ Zieldrama
Enthüllungsdrama	→ analytisches Drama
Episches Theater	von Bertolt Brecht entwickelte Dramenform, die sich als Gegenstück zum → aristotelischen Drama versteht. Episches Theater betreibt Desillusionierung des Zuschauers (→ Verfremdungseffekt), Zuschauer soll zum aktiven, kritischen Betrachter der Handlung werden; lockerer Aufbau des Dramas meist in Form von Episoden, Verwendung von kommentierenden Songs, Schluss meist offen, um Zuschauer zum Weiterdenken zu veranlassen (z. B. Brecht, *Der gute Mensch von Sezuan*); Ziel: Zuschauer wird zur Veränderung von erkannten Missständen aufgerufen
Erregendes Moment	→ Steigerung
Exposition	(lat. „Darlegung“) meist im 1. Akt stattfindende Einführung in Ort, Zeit, Personen, Ausgangssituation zur Klärung der Voraussetzungen der Handlung
Fallende Handlung	→ Retardation
Fallhöhe	dramaturgischer Begriff von Batteux und später Gottsched zur Begründung der → Ständeklausel; tragische Erschütterung der Zuschauer überzeugender beim Scheitern einer Figur von hohem (meist fürstlichem) Stand; Probleme der niederen Stände (→ bürgerliches Trauerspiel) entbehren tragischer Ausweglosigkeit, da sie sich meist durch menschliche Hilfe bewältigen ließen (geringere Fallhöhe)
Geschlossenes Drama	→ Drama, das streng nach den → drei Einheiten aufgebaut ist (z. B. Goethe, *Iphigenie auf Tauris*)

Fachbegriff	Erklärung
Katharsis	(gr. „Reinigung") Begriff aus der aristotelischen Poetik: Aufgabe der Tragödie bestimmt als Erregung von Mitleid und Furcht und als Reinigung dieser Eigenschaften oder als Reinigung des Zuschauers von diesen Eigenschaften (Übersetzung umstritten)
Katastrophe	(gr. „Umkehr", „Umsturz") Abschluss des Dramas mit Lösung des Konflikts zum Guten (→ Komödie) oder zum Schlimmen (→ Tragödie)
Komödie	(aus gr. „Umzug" + „Gesang") komisches Bühnenstück, das durch Entlarvung menschlicher Unzulänglichkeiten Heiterkeit erzielt, Beispiel: Kleist, *Der zerbrochene Krug*, Gegensatz → Tragödie
Lustspiel	häufig gleichbedeutend mit Komödie, will aber nicht kritisch Unzulänglichkeiten aufdecken, sondern versöhnlich stimmen; reines Lachen und Heiterkeit als Ziel Beispiel: Lessing, *Minna von Barnhelm*
Monolog	(aus gr. „allein" + „Rede") Selbstgespräch einer Figur, Gegensatz: Dialog (Wechselrede) kann verschiedene Funktionen übernehmen, z. B. als „epischer Monolog": Beschreibung nicht dargestellter oder darstellbarer Sachverhalte „lyrischer Monolog": Selbstoffenbarung „Reflexionsmonolog": Kommentar der Figur „Konfliktmonolog": Verdeutlichung des inneren Entscheidungskonfliktes
Offenes Drama	→ Drama, das die strenge Aufbauform des → geschlossenen Dramas missachtet, indem z. B. auf einen Handlungsschluss verzichtet wird oder die Handlung auf mehrere Spielorte verteilt wird

Peripetie	(gr. „plötzlicher Umschlag") von Aristoteles eingeführter Begriff der Poetik, bezeichnet im → Drama den plötzlichen Umschwung im Schicksal des Helden, findet als Höhepunkt zumeist im mittleren Akt statt, indem es auf Exposition und steigende Handlung folgt und in die fallende Handlung und schließlich in die Katastrophe mündet
Prolog	(gr. „Vorwort", „Vorspruch") Worte vom Dichter oder von Schauspielern vor dem Beginn der eigentlichen Handlung
Regieanweisung	in den Dramentext eingefügte Bemerkungen des Dichters bezüglich Bühnenausstattung, Mimik, Gestik, Sprechtempo, Musik, Auftreten und Abtreten von Figuren
Retardation	(frz. „Verzögerung") Handlungsverzögerung, meist im 4. Akt als Gegenstück zum → erregenden Moment mit dem Ziel einen anderen Ausgang als den in der → Peripetie angedeuteten aufzuzeigen, wirkt spannungssteigernd
Schauspiel	allgemein als Oberbegriff für Trauerspiel und Lustspiel in engerem Sinne als Zwischenform zwischen → Trauerspiel und → Lustspiel (Beispiel: Goethe, *Iphigenie auf Tauris*)
Sekundenstil	Beschreibungstechnik vor allem des Naturalismus, die versucht Wirklichkeit möglichst genau („sekundenweise") durch Detailtreue und minutiöse Genauigkeit zu erfassen
Ständeklausel	Forderung vor allem der Poetik der Renaissance, nur Angehörige der höheren Stände als Figuren in der → Tragödie mitwirken zu lassen (Grund: → Fallhöhe); für den niederen bürgerlichen Stand ist → Komödie vorgesehen

Fachbegriff	Erklärung
Steigerung	Überleitung (Ende 1. Akt und 2. Akt) von der → Exposition zum → Höhepunkt; enthält Andeutungen über Verwicklung der Handlung
Szene	(gr. „hölzernes Gerüst, auf dem Schauspieler spielen") Bühne Bestandteil des Aktes (→ Auftritt) allgemein: Vorgang auf der Bühne
Teichoskopie	(gr. „Mauerschau") auf der Bühne schwer oder gar nicht darstellbares Ereignis, das sich zur selben Zeit zuträgt, wird aus der Perspektive eines z. B. auf einer Mauer stehenden Beobachters wiedergegeben; vergleichbar mit dem → Botenbericht, Unterschied: Botenbericht handelt von Vergangenem
Tragödie	(gr. „Bocksgesang") neben der Komödie wichtigste Form des Dramas, im allgemeinen Sprachgebrauch gleichbedeutend mit → Trauerspiel; Tragödie gestaltet die Unausweichlichkeit des Schicksals oder einer sittlichen Weltordnung, denen ein menschliches Leben am Ende unterliegt; Themen sind immer existentielle Grundfragen des Menschen; in der Antike besonders von Aristoteles und später in der deutschen Klassik als streng aufgebautes Drama mit → Ständeklausel, → drei Einheiten und → Katharsis gefordert
Trauerspiel	im allgemeinen Sprachgebrauch gleichbedeutend mit Tragödie Bezeichnung für deutsche Form der → Tragödie, z. B. als bürgerliches Trauerspiel
Tragikomödie	dramatische Form, in der Tragik und Komik vermischt werden, um die Doppelgesichtigkeit des menschlichen Lebens und der Welt zu verdeutlichen; Beispiel: Dürrenmatt, *Der Besuch der alten Dame*

Zieldrama	→ Drama, das auf → Katastrophe/Auflösung am Ende des Stücks hinzielt; Beispiele: Hauptmann, *Rose Bernd*, Goethe, *Faust* Gegensatz: → Analytisches Drama

1.3.4 Ausführung der Arbeitsschritte anhand eines Beispiels

Aufgabe

Arbeitsaufgabe:

Fassen Sie kurz den Inhalt des Textauszuges zusammen und ordnen Sie ihn in den Kontext des Dramas ein! Analysieren Sie den Gesprächsverlauf! Skizzieren Sie, ausgehend von dieser Textstelle, welche Rolle der Tempelherr in diesem Drama spielt, und setzen Sie sich mit seiner Haltung auseinander!

Info

Gotthold Ephraim Lessing, geboren 1729 in Kamenz, gestorben 1781 in Braunschweig. Studium der Theologie und Philosophie, bedeutsamer Dichter der Aufklärung
Dramen, z. B. *Miss Sara Sampson* (1755), *Minna von Barnhelm* (1767)

Lesetext

Gotthold Ephraim Lessing (1729–1781)
***Nathan der Weise* (1779), IV. Akt, 2. Szene**

Der PATRIARCH, welcher mit allem geistlichen Pomp
den einen Kreuzgang heraufkömmt, und die VORIGEN.

TEMPELHERR. Ich wich' ihm lieber aus. – Wär' nicht mein Mann! –
Ein dicker, roter, freundlicher Prälat!
Und welcher Prunk!
KLOSTERBRUDER. Ihr solltet ihn erst sehn
Nach Hofe sich erheben. Itzo kömmt
Er nur von einem Kranken.
TEMPELHERR. Wie sich da
Nicht Saladin wird schämen müssen!
PATRIARCH. *indem er näher kommt, winkt dem Bruder.*
Hier! –
Das ist ja wohl der Tempelherr. Was will
Er?
KLOSTERBRUDER. Weiß nicht.
PATRIARCH. *auf ihn zugehend, indem der Bruder*
und das Gefolge zurücktreten.

Nun, Herr Ritter! – Sehr erfreut,
Den braven jungen Mann zu sehn! – Ei, noch
So gar jung! – Nun, mit Gottes Hilfe, daraus
Kann etwas werden.
TEMPELHERR. Mehr, ehrwürd'ger Herr,
Wohl schwerlich, als schon ist. Und eher noch;
Was weniger.
PATRIARCH. Ich wünsche wenigstens,
Dass so ein frommer Ritter lange noch
Der lieben Christenheit, der Sache Gottes
Zu Ehr' und Frommen blühn und grünen möge!
Das wird denn auch nicht fehlen, wenn nur fein
Die junge Tapferkeit dem reifen Rate
Des Alters folgen will! – Womit wär' sonst
Dem Herrn zu dienen?
TEMPELHERR. Mit dem nämlichen,
Woran es meiner Jugend fehlt: mit Rat.
PATRIARCH. Recht gern! – Nur ist der Rat auch anzunehmen.
TEMPELHERR. Doch blindlings nicht?
PATRIARCH. Wer sagt denn das? – Ei freilich
Muss niemand die Vernunft, die Gott ihm gab,
Zu brauchen unterlassen, – wo sie hin
Gehört. Gehört sie aber überall
Denn hin? – O nein! – Zum Beispiel: wenn uns Gott
Durch einen seiner Engel, – ist zu sagen,
Durch einen Diener seines Worts, – ein Mittel
Bekannt zu machen würdiget, das Wohl
Der ganzen Christenheit, das Heil der Kirche,
Auf irgendeine ganz besondre Weise
Zu fördern, zu befestigen: wer darf
Sich da noch unterstehn, die Willkür des,
Der die Vernunft erschaffen, nach Vernunft
Zu untersuchen? und das ewige
Gesetz der Herrlichkeit des Himmels, nach
Den kleinen Regeln einer eitlen Ehre
Zu prüfen? – Doch hiervon genug. – Was ist
Es denn, worüber unsern Rat für itzt
Der Herr verlangt?
TEMPELHERR. Gesetzt, ehrwürd'ger Vater,
Ein Jude hätt' ein einzig Kind, – es sei
Ein Mädchen, – das er mit der größten Sorgfalt
Zu allem Guten auferzogen, das
Er liebe mehr als seine Seele, das

Ihn wieder mit der frömmsten Liebe liebe.
Und nun würd' unsereinem hinterbracht,
Dies Mädchen sei des Juden Tochter nicht;
Er hab' es in der Kindheit aufgelesen,
Gekauft, gestohlen, – was Ihr wollt; man wisse,
Das Mädchen sei ein Christenkind, und sei
Getauft; der Jude hab' es nur als Jüdin
Erzogen; lass' es nur als Jüdin und
Als seine Tochter so verharren: – sagt,
Ehrwürd'ger Vater, was wär' hierbei wohl
Zu tun?

PATRIARCH. Mich schaudert! – Doch zu allererst
Erkläre sich der Herr, ob so ein Fall
Ein Faktum oder eine Hypothes'.
Das ist zu sagen: ob der Herr sich das
Nur bloß so dichtet, oder ob's geschehn,
Und fortfährt zu geschehn.

TEMPELHERR. Ich glaubte, das
Sei eins, um Euer Hochehrwürden Meinung
Bloß zu vernehmen.

PATRIARCH. Eins? – Da seh' der Herr
Wie sich die stolze menschliche Vernunft
Im Geistlichen doch irren kann. – Mitnichten!
Denn ist der vorgetragne Fall nur so
Ein Spiel des Witzes: so verlohnt es sich
Der Mühe nicht, im Ernst ihn durchzudenken.
Ich will den Herrn damit auf das Theater
Verwiesen haben, wo dergleichen pro
Et contra sich mit vielem Beifall könnte
Behandeln lassen. – Hat der Herr mich aber
Nicht bloß mit einer theatral'schen Schnurre
Zum Besten; ist der Fall ein Faktum; hätt'
Er sich wohl gar in unsrer Diözes',
In unsrer lieben Stadt Jerusalem
Ereignet: – ja alsdann –

TEMPELHERR. Und was alsdann?

PATRIARCH. Dann wäre an dem Juden fördersamst
Die Strafe zu vollziehn, die päpstliches
Und kaiserliches Recht, so einem Frevel,
So einer Lastertat bestimmen.

TEMPELHERR. So?

PATRIARCH. Und zwar bestimmen obbesagte Rechte
Dem Juden, welcher einen Christen zur

Apostasie verführt, – den Scheiterhaufen, –
Den Holzstoß –
TEMPELHERR. So?
PATRIARCH. Und wie vielmehr dem Juden,
Der mit Gewalt ein armes Christenkind
Dem Bunde seiner Tauf' entreißt! Denn ist
Nicht alles, was man Kindern tut, Gewalt? –
Zu sagen: – ausgenommen, was die Kirch'
An Kindern tut.
TEMPELHERR. Wenn aber nun das Kind,
Erbarmte seiner sich der Jude nicht,
Vielleicht im Elend umgekommen wäre?
PATRIARCH. Tut nichts! der Jude wird verbrannt! – Denn besser,
Es wäre hier im Elend umgekommen,
Als dass zu seinem ewigen Verderben
Es so gerettet ward. – Zudem, was hat
Der Jude Gott denn vorzugreifen? Gott
Kann, wen er retten will, schon ohn' ihn retten.
TEMPELHERR. Auch trotz ihm, sollt' ich meinen, – selig machen.
PATRIARCH. Tut nichts! der Jude wird verbrannt.
TEMPELHERR. Das geht
Mir nah'! Besonders, da man sagt, er habe
Das Mädchen nicht sowohl in seinem, als
Vielmehr in keinem Glauben auferzogen,
Und sie von Gott nicht mehr nicht weniger
Gelehrt, als der Vernunft genügt.
PATRIARCH. Tut nichts!
Der Jude wird verbrannt . . . Ja, wär' allein
Schon dieserwegen wert, dreimal verbrannt
Zu werden! – Was? ein Kind ohn' allen Glauben
Erwachsen lassen? – Wie? die große Pflicht,
Zu glauben, ganz und gar ein Kind nicht lehren?
Das ist zu arg! Mich wundert sehr, Herr Ritter,
Euch selbst ...
TEMPELHERR. Ehrwürd'ger Herr, das Übrige,
Wenn Gott will, in der Beichte.
Will gehn.
PATRIARCH. Was? mir nun
Nicht einmal Rede stehn? – Den Bösewicht,
Den Juden mir nicht nennen? – mir ihn nicht
Zur Stelle schaffen? – O da weiß ich Rat!
Ich geh' sogleich zum Sultan. – Saladin,
Vermöge der Kapitulation,

Die er beschworen, muss uns, muss uns schützen;
Bei allen Rechten, allen Lehren schützen,
Die wir zu unsrer allerheiligsten
Religion nur immer rechnen dürfen!
Gottlob! wir haben das Original.
Wir haben seine Hand, sein Siegel. Wir! –
Auch mach' ich ihm gar leicht begreiflich, wie
Gefährlich selber für den Staat es ist,
Nichts glauben! Alle bürgerlichen Bande
Sind aufgelöset, sind zerrissen, wenn
Der Mensch nichts glauben darf. – Hinweg! hinweg
Mit solchem Frevel! ...

TEMPELHERR. Schade, dass ich nicht
Den trefflichen Sermon mit bessrer Muße
Genießen kann! Ich bin zum Saladin
Gerufen.

PATRIARCH. Ja? – Nun so – Nun freilich – Dann –

TEMPELHERR. Ich will den Sultan vorbereiten, wenn
Es Eurer Hochehrwürden so gefällt.

PATRIARCH. Oh, oh! – Ich weiß, der Herr hat Gnade funden
Vor Saladin! – Ich bitte meiner nur
Im Besten bei ihm eingedenk zu sein. –
Mich treibt der Eifer Gottes lediglich.
Was ich zuviel tu', tu' ich ihm. – Das wolle
Doch ja der Herr erwägen! – Und nicht wahr
Herr Ritter? das vorhin Erwähnte von
Dem Juden, war nur ein Problema? – ist
Zu sagen –

TEMPELHERR. Ein Problema.
Geht ab.

PATRIARCH. (Dem ich tiefer
Doch auf den Grund zu kommen suchen muss.
Das wär' so wiederum ein Auftrag für
Den Bruder Bonafides.) – Hier, mein Sohn!
Er spricht im Abgehn mit dem Klosterbruder.

(Aus: Nathan der Weise. Hrsg. von Gerd Eversberg. Hollfeld 1996, S. 92–97)

Lösung

Lösungsvorschlag:

1. **Text mehrmals genau lesen, unbekannte Wörter klären.**

2. **Thema der Textstelle in einem Satz oder in zwei Sätzen zusammenfassen.**
   Im Textauszug geht es um ein Gespräch zwischen dem Tempelherrn und dem Patriarchen. Thema der Unterhaltung ist die Frage des Tempelherrn, wie es zu bewerten sei, wenn ein Jude ein christlich getauftes Mädchen erziehe.

3. **Intention (Absicht) des Dichters feststellen und notieren.**
   Lessing will den intoleranten und dogmatischen Eifer des Patriarchen als Gegensatz zu der aufgeklärten und am Wohle des Menschen orientierten Einstellung Nathans und gleichzeitig die couragierte Haltung des verliebten Tempelherrn darstellen.

4. **Literarische Gattung bestimmen.**
   Bei der Textstelle handelt es sich um einen Auszug aus dem fünfaktigen Drama *Nathan der Weise*, das Lessing selbst als ein „dramatisches Gedicht" bezeichnet. Das Drama ist weder eine reine Tragödie noch eine reine Komödie, es stellt eher eine Mischung aus ernsten und komischen Elementen dar. Die Handlung, die in der Zeit des dritten Kreuzzuges spielt, trägt sich während eines Waffenstillstandes im Jahre 1192 in Jerusalem zu.

5. **Textstelle in Handlungs- und Sinnabschnitte einteilen, Überschriften finden und einzelne Abschnitte kurz zusammenfassen, dabei direkte Rede in indirekte Rede umformen und Argumentationsweise beachten.**

Gotthold Ephraim Lessing (1729–1781)
***Nathan der Weise* (1779), IV. Akt, 2. Szene**

Der PATRIARCH, welcher mit allem geistlichen Pomp den einen Kreuzgang heraufkömmt, und die VORIGEN.

TEMPELHERR. Ich wich' ihm lieber aus. – Wär'
nicht mein Mann! –
Ein dicker, roter, freundlicher Prälat!
Und welcher Prunk!

vor Gespräch mit dem Patriarchen: indirekte Charakterisierung des Geistlichen als imposante Erscheinung

KLOSTERBRUDER. Ihr solltet ihn erst sehn
Nach Hofe sich erheben. Itzo kömmt
Er nur von einem Kranken.
TEMPELHERR. Wie sich da
Nicht Saladin wird schämen müssen!

PATRIARCH. *indem er näher kommt, winkt dem Bruder.*
Hier! –
Das ist ja wohl der Tempelherr. Was will
Er?
KLOSTERBRUDER. Weiß nicht.
PATRIARCH. *auf ihn zugehend, indem der Bruder und das Gefolge zurücktreten.*
Nun, Herr Ritter! – Sehr erfreut,
Den braven jungen Mann zu sehn! – Ei, noch
So gar jung! – Nun, mit Gottes Hilfe, daraus
Kann etwas werden.
TEMPELHERR. Mehr, ehrwürd'ger Herr,
Wohl schwerlich, als schon ist. Und eher noch;
Was weniger.
PATRIARCH. Ich wünsche wenigstens,
Dass so ein frommer Ritter lange noch
Der lieben Christenheit, der Sache Gottes
Zu Ehr' und Frommen blühn und grünen möge!
Das wird denn auch nicht fehlen, wenn nur fein
Die junge Tapferkeit dem reifen Rate
Des Alters folgen will! – Womit wär' sonst
Dem Herrn zu dienen?
TEMPELHERR. Mit dem nämlichen,
Woran es meiner Jugend fehlt: mit Rat.
PATRIARCH. Recht gern! – Nur ist der Rat auch anzunehmen.
TEMPELHERR. Doch blindlings nicht?
PATRIARCH. Wer sagt denn das? – Ei freilich
Muss niemand die Vernunft, die Gott ihm gab,
Zu brauchen unterlassen, – wo sie hin
Gehört. Gehört sie aber überall
Denn hin? – O nein! – Zum Beispiel:
wenn uns Gott
Durch einen seiner Engel, – ist zu sagen,
Durch einen Diener seines Worts, – ein Mittel
Bekannt zu machen würdiget, das Wohl
Der ganzen Christenheit, das Heil der Kirche,
Auf irgendeine ganz besondre Weise
Zu fördern, zu befestigen: wer darf
Sich da noch unterstehn, die Willkür des,
Der die Vernunft erschaffen, nach Vernunft

Patriarch fragt Klosterbruder nach Anliegen des Tempelherrn.

→ Gespräch unter vier Augen

I. Begrüßung: Lob des Tempelherrn

bescheidene Reaktion des Angesprochenen

II. Patriarch bietet Tempelherrn seinen Rat an.

mit Verpflichtung, Rat auch zu befolgen

Einwand des Tempelherrn: keine sklavische Befolgung: – Stichwort „Vernunft"

(er meint sich selbst!)

Ratschläge eines Geistlichen dürfen nicht auf ihre

Zu untersuchen? und das ewige
Gesetz der Herrlichkeit des Himmels, nach
Den kleinen Regeln einer eitlen Ehre
Zu prüfen? – Doch hiervon genug. – Was ist
Es denn, worüber unsern Rat für itzt
Der Herr verlangt?
TEMPELHERR. Gesetzt, ehrwürd'ger Vater,
Ein Jude hätt' ein einzig Kind, – es sei
Ein Mädchen, – das er mit der größten Sorgfalt
Zu allem Guten auferzogen, das
Er liebe mehr als seine Seele, das
Ihn wieder mit der frömmsten Liebe liebe.
Und nun würd' unsereinem hinterbracht,
Dies Mädchen sei des Juden Tochter nicht;
Er hab' es in der Kindheit aufgelesen,
Gekauft, gestohlen, – was Ihr wollt; man wisse,
Das Mädchen sei ein Christenkind, und sei
Getauft; der Jude hab' es nur als Jüdin
Erzogen; lass' es nur als Jüdin und
Als seine Tochter so verharren: – sagt,
Ehrwürd'ger Vater, was wär' hierbei wohl
Zu tun?
PATRIARCH. Mich schaudert! – Doch zu allererst
Erkläre sich der Herr, ob so ein Fall
Ein Faktum oder eine Hypothes'.
Das ist zu sagen: ob der Herr sich das
Nur bloß so dichtet, oder ob's geschehn,
Und fortfährt zu geschehn.
TEMPELHERR. Ich glaubte, das
Sei eins, um Euer Hochehrwürden Meinung
Bloß zu vernehmen.
PATRIARCH. Eins? – Da seh' der Herr
Wie sich die stolze menschliche Vernunft
Im Geistlichen doch irren kann. – Mitnichten!
Denn ist der vorgetragne Fall nur so
Ein Spiel des Witzes: so verlohnt es sich
Der Mühe nicht, im Ernst ihn durchzudenken.
Ich will den Herrn damit auf das Theater
Verwiesen haben, wo dergleichen pro
Et contra sich mit vielem Beifall könnte
Behandeln lassen. – Hat der Herr mich aber
Nicht bloß mit einer theatral'schen Schnurre

Vernünftigkeit überprüft werden.

III. Problem des Tempelherrn:
Jude habe christliches Mädchen als Jüdin erzogen.

Reaktion der Kirche?

Entgegnung des Patriarchen:
Tatsache oder Annahme?

wenn bloße Annahme:
nicht darüber nachdenken

wenn Tatsache:

Zum Besten; ist der Fall ein Faktum; hätt'
Er sich wohl gar in unsrer Diözes',
In unsrer lieben Stadt Jerusalem
Ereignet: – ja alsdann –
TEMPELHERR. Und was alsdann?
PATRIARCH. Dann wäre an dem Juden fördersamst
Die Strafe zu vollziehn, die päpstliches
Und kaiserliches Recht, so einem Frevel,
So einer Lastertat bestimmen.
TEMPELHERR. So?
PATRIARCH. Und zwar bestimmen obbesagte Rechte
Dem Juden, welcher einen Christen zur
Apostasie verführt, – den Scheiterhaufen, –
Den Holzstoß –
TEMPELHERR. So?
PATRIARCH. Und wie vielmehr dem Juden,
Der mit Gewalt ein armes Christenkind
Dem Bunde seiner Tauf' entreißt! Denn ist
Nicht alles, was man Kindern tut, Gewalt? –
Zu sagen: – ausgenommen, was die Kirch'
An Kindern tut.
TEMPELHERR. Wenn aber nun das Kind,
Erbarmte seiner sich der Jude nicht,
Vielleicht im Elend umgekommen wäre?
PATRIARCH. Tut nichts! der Jude wird verbrannt! –
Denn besser,
Es wäre hier im Elend umgekommen,
Als dass zu seinem ewigen Verderben
Es so gerettet ward. – Zudem, was hat
Der Jude Gott denn vorzugreifen? Gott
Kann, wen er retten will, schon ohn' ihn retten.
TEMPELHERR. Auch trotz ihm, sollt' ich meinen, – selig machen.
PATRIARCH. Tut nichts! der Jude wird verbrannt.
TEMPELHERR. Das geht
Mir nah'! Besonders, da man sagt, er habe
Das Mädchen nicht sowohl in seinem, als
Vielmehr in keinem Glauben auferzogen,
Und sie von Gott nicht mehr nicht weniger
Gelehrt, als der Vernunft genügt.

Bestrafung des Schuldigen

Strafe für Apostasie: Verbrennung

(→ zeigt Willkür der Argumentation)

1. Einwand des Tempelherrn: Ohne Juden wäre Kind vielleicht umgekommen.

1. Entgegnung des Patriarchen: Jude müsse sterben, Kind wäre besser umgekommen, Gott könne retten, wen er wolle.

2. Einwand des Tempelherrn: Gott könne Mädchen noch selig machen.

2. Entgegnung des Patriarchen: Jude müsse sterben.

3. Einwand des Tempelherrn: Mädchen sei ohne religiöse Bindung erzogen worden.

PATRIARCH. Tut nichts!
Der Jude wird verbrannt . . . Ja, wär' allein
Schon dieserwegen wert, dreimal verbrannt
Zu werden! – Was? ein Kind ohn' allen Glauben
Erwachsen lassen? – Wie? die große Pflicht,
Zu glauben, ganz und gar ein Kind nicht lehren?
Das ist zu arg! Mich wundert sehr, Herr Ritter,
Euch selbst ...

3. Entgegnung des Patriarchen: Jude müsse sterben.

TEMPELHERR. Ehrwürd'ger Herr, das Übrige,
Wenn Gott will, in der Beichte.
Will gehn.

IV. Tempelherr will Gespräch beenden.

PATRIARCH. Was? mir nun
Nicht einmal Rede stehn? – Den Bösewicht,
Den Juden mir nicht nennen? – mir ihn nicht
Zur Stelle schaffen? – O da weiß ich Rat!
Ich geh' sogleich zum Sultan. – Saladin,
Vermöge der Kapitulation,
Die er beschworen, muss uns, muss uns schützen;
Bei allen Rechten, allen Lehren schützen,
Die wir zu unsrer allerheiligsten
Religion nur immer rechnen dürfen!
Gottlob! wir haben das Original.
Wir haben seine Hand, sein Siegel. Wir! –
Auch mach' ich ihm gar leicht begreiflich, wie
Gefährlich selber für den Staat es ist,
Nichts glauben! Alle bürgerlichen Bande
Sind aufgelöset, sind zerrissen, wenn
Der Mensch nichts glauben darf. – Hinweg! hinweg
Mit solchem Frevel! ...

Patriarch will Namen des Juden wissen, droht mit Anklage vor Saladin.

TEMPELHERR. Schade, dass ich nicht
Den trefflichen Sermon mit bessrer Muße
Genießen kann! Ich bin zum Saladin
Gerufen.

Tempelherr hat bereits einen Termin beim Sultan.

PATRIARCH. Ja? – Nun so – Nun freilich – Dann –
TEMPELHERR. Ich will den Sultan vorbereiten, wenn
Es Eurer Hochehrwürden so gefällt.
PATRIARCH. Oh, oh! – Ich weiß, der Herr hat Gnade funden
Vor Saladin! – Ich bitte meiner nur

Patriarch stottert (Angst?), bittet um positive Darstellung seiner Person beim Sultan, Bescheidenheit,

Im Besten bei ihm eingedenk zu sein. –	fast Unterwürfigkeit des
Mich treibt der Eifer Gottes lediglich.	Patriarchen!
Was ich zuviel tu', tu' ich ihm. – Das wolle	Sein Eifer diene nur Gott
Doch ja der Herr erwägen! – Und nicht wahr	(Selbstdarstellung als
Herr Ritter? das vorhin Erwähnte von	besonders frommer Mann,
Dem Juden, war nur ein Problema? – ist	der in seinem religiösen Eifer
Zu sagen –	über das Ziel hinausschieße).
TEMPELHERR. Ein Problema.	„Kompromiss": vorgetrage-
Geht ab.	ner Fall nur Hypothese
PATRIARCH. (Dem ich tiefer	Unterwürfigkeit nur nach
Doch auf den Grund zu kommen suchen muss.	außen hin – Patriarch will
Das wär' so wiederum ein Auftrag für	Fall von Klosterbruder auf-
Den Bruder Bonafides.) – Hier, mein Sohn!	klären lassen (Spionage
Er spricht im Abgehn mit dem Klosterbruder.	als Mittel des Patriarchen).

(Aus: Nathan der Weise. Hrsg. von Gerd Eversberg. Hollfeld 1996, S. 92–97)

6. Stoffsammlung zu den Leitfragen aus der Aufgabenstellung erstellen.

1. Leitfrage: Fassen Sie kurz den Inhalt des Textauszuges zusammen und ordnen Sie ihn in den Kontext des Dramas ein!

Zusammenfassung:

Gegenstand der Unterhaltung: Frage des Tempelherrn: Darf Jude christliches Mädchen erziehen?

Patriarch ist dagegen, fordert Todesstrafe für Juden wegen Verführung zur Apostasie.

Einwände des Tempelherrn:

- Mädchen wäre ohne Hilfe möglicherweise umgekommen,
- Mädchen sei ohne religiöse Bindung erzogen worden,
- Gott könne Mädchen immer noch selig machen.

Patriarch bleibt bei seiner Meinung: Jude müsse verbrannt werden.

Kontexteinordnung:

Grund für Gang zum Patriarchen? Tempelherr rettet vermeintliche Jüdin Recha (Ehrenkodex, Lebensüberdruss); Tempelherr verliebt sich in sie; nach Zurückweisung durch Nathan (vgl. III, 9) und Aufklärung über Rechas wahre Herkunft durch Daja (III, 10) bittet er Patriarchen um Rat.

Gespräch mit dem Patriarchen könnte auch eine tragische Wendung der Handlung bedeuten, es ist aber Auslöser dafür, dass Klosterbruder zu Nathan geht (Warnung vor Patriarchen und Erwähnung des Breviers, aus

dem später die verwandtschaftliche Beziehung zwischen Recha, dem Tempelherrn und Saladin hervorgeht).
Gespräch beim Patriarchen hilft somit indirekt Verwandtschaftsverhältnisse zu klären und dramatischen Knoten aufzulösen (siehe auch Dank Nathans für den Besuch beim Patriarchen in V, 5).

2. **Leitfrage: Analysieren Sie den Gesprächsverlauf!**
   Vgl. Arbeitsschritt 5.

3. **Leitfrage: Skizzieren Sie, ausgehend von dieser Textstelle, welche Rolle der Tempelherr in diesem Drama spielt, und setzen Sie sich mit seiner Haltung auseinander!**

Rolle des Tempelherrn:
- Tempelherr als Angehöriger eines 1092 gegründeten christlichen Ordens geistlicher Soldaten, Selbstverständnis als ein Streiter Gottes (vgl. S. 26), nicht als Spion für Patriarchen;
- kämpft gegen Muslime, wird gefangen von Saladin und begnadigt; Voraussetzung dafür, dass er angebliches Judenmädchen aus den Flammen retten kann;
- Tempelherr als Erster, der sich gegen fromme Raserei ausspricht und indirekt Toleranz fordert (vgl. S. 51);
- Freundschaft mit Nathan (vgl. S. 51);
- Liebe zu Recha und Angst, sie könnte ihm vorenthalten werden, erweckt alte, überkommene Vorurteile (vgl. S. 126); aber, und das lässt Tempelherrn in positivem Licht erscheinen: Er ist einsichtig, selbstkritisch, erkennt Fehler: „Ich tat nicht recht! (...)" (S. 127), und er ist ehrlich (vgl. V, 5).

Fazit:
Tempelherr als „christliches Gegenstück" zu Nathan, er entwickelt Nathans Eigenschaften der Toleranz und Humanität im Verlaufe des Stücks, Freundschaft zwischen beiden deutet auf Seelenverwandtschaft hin, Tempelherr macht aber auch Entwicklung mit, lässt sich kurzfristig von Gefühlen hinreißen, Gang zum Patriarchen gefährdet kurzfristig positive Charakterisierung.

Beurteilung:
- Tempelherr ist Identifikationsfigur,
- als lernfähige Gestalt Vorbild, vertritt Optimismus der Aufklärung, dass Mensch durch seinen Verstand das Gute erkennen kann, veränderbar ist,
- Appell auch in heutiger Zeit gültig, in der fundamentalistische religiöse Strömungen Intoleranz lehren und praktizieren.

7. Gliederung des Aufsatzes entwerfen.

A. Einleitung
Dichter, Titel, literarische Gattung, Thema des Dramas, Thema der vorliegenden Textstelle

B. Hauptteil
I. Inhalt der Textstelle
II. Kontexteinordnung
III. Analyse der Textstelle
IV. Rolle des Tempelherrn

C. Schluss
Beurteilung und aktueller Bezug

8. Ausarbeitung des Aufsatzes formulieren.

A. Einleitung
Das fünfaktige Drama *Nathan der Weise*, das von seinem Dichter, Gotthold Ephraim Lessing, als ein „dramatisches Gedicht" klassifiziert wird, ist wohl eines der berühmtesten Werke der Aufklärung, das die Gedanken von religiöser Toleranz und Humanität thematisiert. Diese Grundgedanken spielen im Hintergrund auch in der vorliegenden Textstelle, in der es um eine Unterredung zwischen dem Patriarchen und dem Tempelherrn geht, ein Rolle.

B. Hauptteil

I. Inhalt der Textstelle
Der Gegenstand der Unterhaltung ist die Frage des Tempelherrn, ob ein Jude ein christliches Mädchen erziehen dürfe. Der Patriarch verneint dies aufs Schärfste und fordert die Todesstrafe für den Juden, weil er das christliche Mädchen zur Apostasie, zum Abfall von Gott, verleitet habe. Auch die Einwände des Tempelherrn, dass das Mädchen ohne den Juden möglicherweise umgekommen wäre, dass der Jude das Mädchen ohne religiöse Bindung erzogen hätte und dass Gott das Mädchen immer noch selig machen könne, wenn er es wolle, überzeugen den Patriarchen nicht. Seiner Meinung nach müsse der Jude verbrannt werden.

II. Kontexteinordnung
Der Grund für das Zustandekommen des Gesprächs liegt in den vorangegangenen Szenen des Dramas. Der Tempelherr rettet Recha, weil es sein Ehrenkodex gebietet und aus Lebensüberdruss; er verliebt sich dann aber in sie und hält sie nach wie vor für ein jüdisches Mädchen.

In III, 9 gesteht er Nathan seine Liebe zu ihr, Heiratsplänen steht Nathan aber reserviert gegenüber, da er ein verwandtschaftliches Verhältnis erahnt (vgl. S. 83). Der Tempelherr fühlt sich, ohne dass er von den Überlegungen Nathans weiß, zurückgewiesen, dieses Gefühl gesteht er Nathan später in V, 5. Daja klärt ihn in III, 10 darüber auf, dass Recha keineswegs eine Jüdin sei, sondern eine von Nathan an Kindes statt angenommene Christin. Die vermeintliche Zurückweisung durch Nathan und die Wahrheit über Rechas Herkunft veranlassen den Tempelherrn beim Patriarchen um Rat zu fragen.
Nach dem Gespräch mit dem Patriarchen könnte die Handlung auch eine tragische Wendung nehmen, wenn sich die Pläne des Patriarchen verwirklicht hätten und er Nathan als den in seinem Sinne Schuldigen entlarvt hätte. So ist es jedoch der Auslöser dafür, dass der Klosterbruder zu Nathan geht, um ihn vor dem Patriarchen zu warnen. Er erinnert ihn daran, wie er Recha zu Nathan gebracht habe, und er erwähnt ein Brevier, aus dem später die verwandtschaftliche Beziehung zwischen Recha, dem Tempelherrn und Saladin hervorgeht.

III. Analyse der Textstelle

Das Gespräch beim Patriarchen hilft somit indirekt die Verwandtschaftverhältnisse zu klären und den dramatischen Knoten aufzulösen. Dieses Umstandes eingedenk, dankt Nathan dem Tempelherrn daher sogar für den Besuch beim Patriarchen (vgl. V, 5).
Das Gespräch mit dem Patriarchen hat also eine zentrale Bedeutung für das gesamte Drama. Im Folgenden wollen wir es einer sorgfältigen Analyse unterziehen. Das Gespräch unter vier Augen lässt sich in vier Abschnitte gliedern: Begrüßung, Hilfsangebot, Problem und Diskussion, Abschluss. Vor dem eigentlichen Beginn der Unterhaltung wird der Geistliche als eine imposante Erscheinung beschrieben, die den Tempelherrn beeindruckt (vgl. V. 4 f.). Er reagiert auf die ihn lobende Begrüßung durch den Patriarchen daher auch mit einer respektvollen, sogar bescheiden klingenden Antwort. Der Patriarch bietet ihm daraufhin seinen „reifen Rat( )" (V. 28) an mit der Verpflichtung diesen Rat auch anzunehmen. Dem Einwand des Tempelherrn, einen unsinnigen Rat könne man doch nicht befolgen, widerspricht der Patriarch mit dem Argument, dass geistliche Ratschläge niemals solcher Prüfung nach Sinn oder Unsinn unterlägen. Allerdings lässt es der Patriarch nicht auf eine Konfrontation mit dem Tempelherrn ankommen, er bricht die Ausführungen abrupt ab: „(...) Doch hiervon genug (...)" (V. 51). Im Mittelpunkt des Gesprächs steht die Frage des Tempelherrn, wie man die Erziehung eines christlichen Mädchen durch einen Juden von kirchlicher Seite aus bewerten würde. Dem Patriarchen ist daran gelegen, den Realitätsbezug dieser Frage in Erfahrung zu bringen, daher lehnt er eine bloße theoretische Erörterung des Falles ab. Wenn sich der vorgetragene

Fall aber tatsächlich zugetragen habe, so müsse der Schuldige auf dem Scheiterhaufen die Strafe für die Verführung zur Apostasie erfahren.
Den Höhepunkt der Diskussion stellen die drei Einwände des Tempelherrn dar, deren Intention es ist, den Fall menschlicher zu beurteilen. Dem ersten Einwand, dass das Kind ohne Hilfe möglicherweise umgekommen wäre, widerspricht der Patriarch mit dem Hinweis darauf, dass es für das Kind unter diesen Umständen wohl besser gewesen wäre, wenn es gestorben wäre. Außerdem könne Gott retten, wen er retten wolle. Auf den zweiten Einwand, dass es in der Hand Gottes liege, das Mädchen trotz jüdischen Einflusses noch selig zu machen, und auf den dritten Einwand, das Mädchen sei ohne religiöse Bindung erzogen worden, reagiert der Patriarch nur noch stereotyp mit dem Todesurteil: „Tut nichts! Der Jude wird verbrannt" (V. 114, V. 121, V. 129).
In dieser Phase des Gesprächs wird deutlich, wie sich der Patriarch humanitären Argumenten verschließt und von einer dogmatischen und intoleranten Position aus urteilt. Selbst der Hinweis auf die freie Entscheidung Gottes das Mädchen doch noch zu retten, kann den Patriarchen nicht zu einer Mäßigung bringen. Er hält sich nicht nur für unfehlbar, wie der Versprecher in V. 35 f. zeigt, er ist noch dazu nicht bereit die Willkürlichkeit seiner Argumentation einzusehen. Diese Willkür, aber auch das Machtbewusstsein zeigt der einschränkende Satz, dass alles Gewalt sei, was man Kindern antue; wenn aber die Kirche Kinder taufe, so sei dies ganz in Ordnung (vgl. V. 107 f.). Der Patriarch „biegt" sich seine Wahrheit so hin, wie er sie braucht, und er ist grundsätzlich von der Wahrheit seines Standpunktes fest überzeugt.
Auch der Tempelherr merkt schnell, dass sein Gesprächspartner von seiner einmal eingenommenen Haltung nicht abweicht. Er will das Gespräch beenden. Doch der Patriarch entfaltet nun sein ganzes Machtbewusstsein und droht dem Tempelherrn mit einer Anklage beim Sultan, wenn der Name des Schuldigen nicht preisgegeben würde. Doch diese offene Drohung pariert der Tempelherr auf couragierte ironische Weise: „Schade, dass ich nicht / Den trefflichen Sermon mit Bessrer Muße / Genießen kann! Ich bin zum Saladin / Gerufen" (V. 157–160). Dem Patriarchen wird in diesem Moment das besondere Verhältnis zwischen Saladin und dem Tempelherrn bewusst und es wird ihm mit einem Male klar, dass seine Drohung ins Leere gelaufen ist. Aus diesem Grund beginnt er zu stottern und ist um eine positive Darstellung seiner eigenen Person vor dem Sultan bemüht. Sein Eifer, so meint er bescheiden, diene nur der frommen Sache und der vorgetragene Fall könne als nicht real existierender hypothetischer Fall betrachtet werden. Mit diesem „Kompromiss" verabschieden sich die Gesprächspartner.
Anfang und Ende des Gesprächs weisen Ähnlichkeiten auf: Der Bescheidenheit des Tempelherrn zu Beginn entspricht die vorgebliche Beschei-

denheit des Patriarchen am Ende des Gesprächs; dass diese unterwürfige Haltung nur nach außen hin gezeigt wird, erkennt man daran, dass der Patriarch den vorgetragenen Fall mit Hilfe seines „Spions", des Klosterbruders, doch noch aufklären lassen möchte. Dieses Selbstgespräch am Ende des Auftritts lässt den Patriarchen vollends in einem negativen Licht erscheinen: Lessing stellt ihn als einen dogmatisch-fundamentalistischen, machtbewussten und opportunistisch-hinterhältigen Kirchenfürsten dar.

IV. Rolle des Tempelherrn

Sein Gegenpol ist der Tempelherr, dessen Rolle sich im Drama durch Aufrichtigkeit und Mut auszeichnet. Als Angehöriger eines 1092 gegründeten christlichen Ordens geistlicher Soldaten ist sein Selbstverständnis vor allem das eines Streiters für die christliche Sache (vgl. S. 26); einer Spionagetätigkeit für den Patriarchen verweigert er sich.

Der Tempelherr kämpft gegen die Muslime, wird von Saladin gefangen und begnadigt; diese Begnadigung ist die Voraussetzung dafür, dass er das angeblich jüdische Mädchen aus den Flammen retten kann. Bereits diese Konstellation zeigt den Tempelherrn als ein Bindeglied zwischen den drei Religionen. Die Menschlichkeit, die er von einem Muslim erfährt, setzt ihn instande, Menschlichkeit auch gegenüber einer vermeintlichen Judin auszuüben.

Darüber hinaus ist der Tempelherr der Erste, der sich gegen fromme Raserei ausspricht und indirekt Toleranz fordert: „Wann hat, und wo die fromme Raserei, / Den bessern Gott zu haben, diesen bessern / Der ganzen Welt als besten aufzudringen, / In ihrer schwärzesten Gestalt sich mehr / Gezeigt, als hier, als itzt? (...)" (S. 50). Auf dieser Grundlage bereitet er zusammen mit Nathan eine Verständigung über die Religionsgrenzen hinweg vor: „(...) Wir haben beide / Uns unser Volk nicht auserlesen. Sind / Wir unser Volk? Was heißt denn Volk? / Sind Christ und Jude eher Christ und Jude, / Als Mensch? (...) (S. 51)". Die Seelenverwandtschaft mit Nathan führt konsequenterweise zur Freundschaft (vgl. S. 51).

Diese Freundschaft wird aber getrübt, da die Liebe zu Recha und die Angst, sie könnte ihm vorenthalten werden, im Tempelherrn alte, überkommene Vorurteile wieder belebt. In V, 5 gesteht er Nathan seine Befürchtungen: „(...) Ich bildete mir ein, / Ihr wolltet, was Ihr einmal nun den Christen / So abgejagt, an einen Christen wieder / nicht gern verlieren (...)" (S. 126). Dieses Geständnis lässt die Person des Tempelherrn in positivem Licht erscheinen: Er ist einsichtig, selbstkritisch, er erkennt gemachte Fehler: „Ich tat nicht Recht! (...)" (S. 127), und er ist ehrlich (vgl. V. 5).

Selbst als es klar ist, dass er Recha nicht mehr als Ehefrau bekommen kann, ist er dankbar, sie als Schwester behalten zu dürfen: „Ihr nehmt und gebt mir, Nathan! / Mit vollen Händen beides! – Nein! Ihr gebt / Mir mehr, als Ihr mir nehmt! unendlich mehr! / (Recha um den Hals fallend) / Ah! Meine Schwester! Meine Schwester!" (S. 142 f.).

Fassen wir zusammen: Der Tempelherr wird fast zu einem christlichen „Gegenstück" zu Nathan, er entwickelt Nathans Eigenschaften der Toleranz und Humanität im Verlaufe des Stücks, die Freundschaft zwischen beiden ist daher die logische Folge. Kurzfristig lässt er sich von seinen Emotionen hinreißen, es gelingt ihm jedoch, diese Emotionen mit der Hilfe seines Verstandes unter Kontrolle zu bringen.

C. Schluss

Der Tempelherr ist eine positive Identifikationsfigur. Als eine lernfähige Figur wirkt er vorbildhaft. In ihm personifiziert sich der Optimismus der Aufklärung, dass der Mensch durch seine „Ratio" das Gute erkennen und sich verändern kann. Besonders das Gespräch mit dem Patriarchen hat gezeigt, dass Dogmatismus und religiöser Eifer, die sich gegen die Vernunft richten, weder Humanität noch Toleranz entwickeln können. Humanität und Toleranz sind nicht nur für eine gute Lösung des dramatischen Knotens im *Nathan* verantwortlich, sie sind in unserer heutigen Zeit, in der in zunehmendem Maße fundamentalistische religiöse Strömungen Intoleranz lehren und praktizieren, nötiger denn je.

9. **Aufsatz nochmals durchlesen, auf Rechtschreibung, Zeichensetzung und gute Verständlichkeit des Ausdrucks achten.**

1.3.5 Übungen

Übung 11 *Erläutern Sie die Situation, in der sich Faust befindet! Untersuchen Sie, wie die Schuldfrage in der Textstelle behandelt wird! Zeigen Sie, ausgehend von der Szene „Trüber Tag. Feld.", welche Rolle Mephisto im* Faust *spielt!*

► *Lösung Seite 149, Info zu Goethe Seite 71*

Johann Wolfgang von Goethe (1749–1832)
***Faust. Der Tragödie erster Teil* (1808)**
TRÜBER TAG. FELD.

FAUST. Im Elend! Verzweifelt! Erbärmlich auf der Erde lange verirrt und nun gefangen! Als Missetäterin im Kerker zu entsetzlichen Qualen eingesperrt das holde, unselige Geschöpf! Bis dahin! dahin! – Verräterischer, nichtswürdiger Geist, und das hast du mir verheimlicht! – Steh nur, steh! Wälze die teuflischen Augen ingrimmend im Kopf herum! Steh und trutze mir durch deine unerträgliche Gegenwart! Gefangen! Im unwiederbringlichen Elend! Bösen Geistern übergeben und der richtenden, gefühllosen Menschheit! Und mich wiegst du indes in abgeschmackten Zerstreuungen, verbirgst mir ihren wachsenden Jammer und lässest sie hülflos verderben!

MEPHISTOPHELES. Sie ist die Erste nicht!

FAUST. Hund! abscheuliches Untier! – Wandle ihn, du unendlicher Geist! wandle den Wurm wieder in seine Hundsgestalt, wie er sich oft nächtlicher Weile gefiel, vor mir herumzutrotten, dem harmlosen Wanderer vor die Füße zu kollern und sich dem niederstürzenden auf die Schultern zu hängen. Wandl' ihn wieder in seine Lieblingsbildung, dass er vor mir im Sand auf dem Bauch krieche, ich ihn mit Füßen trete, den Verworfnen! – Die erste nicht! – Jammer! Jammer! von keiner Menschenseele zu fassen, dass mehr als ein Geschöpf in die Tiefe dieses Elendes versank, dass nicht das erste genug tat für die Schuld aller übrigen in seiner windenden Todesnot vor den Augen des ewig Verzeihenden! Mir wühlt es Mark und Leben durch, das Elend dieser Einzigen; du grinsest gelassen über das Schicksal von Tausenden hin!

MEPHISTOPHELES. Nun sind wir schon wieder an der Grenze unsres Witzes, da, wo euch Menschen der Sinn überschnappt. Warum machst du Gemeinschaft mit uns, wenn du sie nicht durchführen kannst? Willst fliegen und bist vorm Schwindel nicht sicher? Drangen wir uns dir auf, oder du dich uns?

FAUST. Fletsche deine gefräßigen Zähne mir nicht so entgegen! Mir ekelt's! – Großer herrlicher Geist, der du mir zu erscheinen würdigtest, der du mein Herz kennest und meine Seele, warum an den Schandgesellen mich schmieden, der sich am Schaden weidet und am Verderben sich letzt?

MEPHISTOPHELES. Endigst du?

FAUST. Rette sie! oder weh dir! Den grässlichsten Fluch über dich auf Jahrtausende!

MEPHISTOPHELES. Ich kann die Bande des Rächers nicht lösen, seine Riegel nicht öffnen. – Rette sie! – Wer war's, der sie ins Verderben stürzte? Ich oder du?

(Aus: Faust. Hrsg. von Erich Trunz. München 1979, S. 137 f.)

Übung

***Übung 12** Fassen Sie den Textauszug kurz zusammen und erläutern Sie die Situation, in der sich Rose befindet, aus dem Zusammenhang des ganzen Dramas! Charakterisieren Sie anhand des Textauszuges die Figuren Rose, August und Vater Bernd! Zeigen Sie, ausgehend von dieser Textstelle, inwiefern es sich bei* Rose Bernd *um ein Drama des Naturalismus handelt!*

▶ *Lösung Seite 150*

Lesetext

Gerhart Hauptmann (1862–1946)
***Rose Bernd* (1903)**

ROSE. War's is, der wiss's! *Eine Erschöpfung überkommt sie, und fast ohnmächtig sinkt sie auf einen Stuhl nieder. Längeres Stillschweigen.*

AUGUST. *Um sie bemüht.* Wie is denn das ieber dich gekumma? Du bist ja uff eemal ...

ROSE. Das weeß ich nicht! Hätt ihr mich ock frieher d'rnach gefragt, verleichte ... heute kann ich's ne wissa! 's hat een kee Mensch ne genung liebgehat.

AUGUST. Wer weeß, welche Liebe stärker is: ob nu de glickliche oder de unglickliche.

ROSE. Ich bin stark! Ich bin stark! Ich bin stark gewest! Nu bin ich schwach! Itze bin ich am Ende.

Der Gendarm erscheint.

DER GENDARM. *Mit ruhiger Stimme.* De Tochter soll doch im Hause sein! Der alte Kleinert sagte: se wär schonn zu Hause.

AUGUST. 's is so, wir haben's nich gewusst vorhin.

DER GENDARM. Da wollt ich's doch lieber gleich mit abmachen. 's is was zu unterschreiben hier. – *Er legt, ohne Rose in dem schlecht beleuchteten Raum zu bemerken, einige Papiere auf den Tisch.*

AUGUST. Rose, du sollst hier was unterschreiben. – *Rose lacht heraus mit grausig hysterischer Ironie.*

DER GENDARM. Sein Sie die, da gibt's nischt zu lachen, Freilein. – Bitte!

ROSE. Sie kenn ... noch an'n Augenblick ... bleiben.

AUGUST. Nu weshalb denn?

ROSE. *Mit brennenden Augen, tückisch.* Ihr hott mei Kind derwergt.

AUGUST. Was spricht se? Was sagst du, um Himmels willen?

DER GENDARM. *Richtet sich auf, betrachtet sie prüfend, fährt aber fort, als ob er nichts gehört hätte.* 's wird wegen der Streckmann-Sache sein.

ROSE. *Wie vorher, kurz, bellend.* Streckmann? Der hat mei Kind derwergt!

BERND. Mädel, schweig stille, du bist ja unsinnig!

DER GENDARM. Sie haben doch ieberhaupt kein Kind – – ?

ROSE. Was? Hätt' ich's sonst kenn'n mit a Hända derwerga?
Ich ha mei Kind mit a Hända derwergt!!

DER GENDARM. Sie sind wohl besessen? Was fehlt Ihnen denn?

ROSE. Ich bin ganz klar! Ich bin ni besessen! Ich bin ganz klar bin ich uffgewacht! Kalt, wild, grausam fest. 's sullde ni laba! Ich wullte 's ni! 's sullde ni meine Martern derleida! 's sullde durt bleib'n, wo's hiegeheert.

AUGUST. Rose, besinn dich! Zermartre dich nit! Du weeßt woll nich, was du sprichst dahier! Du machst uns ja alle mitnander unglicklich.

ROSE. Ihr wisst ebens nischt! Ihr seht ebens nischt! Ihr habt nischt gesehn mit offnen Augen. A kann hinger de große Weide sehn ... bei a Erlen ... hinten am Pfarrfelde draußen ... am Teiche ... da kann a das Dingelchen sehn.

BERND. Aso was Furchtbares hätt'st du getan?

AUGUST. Aso was Unsägliches hätt'st du verbrochen? *Sie wird ohnmächig, die Männer sehn sich bestürzt und ratlos an, August stützt Rose und bemüht sich um sie.*

DER GENDARM. 's Beste is, Sie komm mit ihr uffs Amt. Da kann se a freies Geständnis ablegen. Wenn das ni bloß Phantasien sind, da wird ihr das sehr zugute komm.

AUGUST. *Ernst aus der Tiefe.* Das sein keene Phantasien, Herr Wachtmeester. Das Mädel ... was muss die gelitten han!

(Aus: Rose Bernd. 21. Auflage. Frankfurt am Main 1991, S. 78 f.)

2. Der Textvergleich

Grundlage des Textvergleichs sind häufig lyrische Texte, seltener werden auch epische Texte herangezogen. Die typische Aufgabenstellung lautet: „Interpretieren und vergleichen Sie die Gedichte/Parabeln!" Diese Aufgabenstellung wird manchmal noch durch Leitfragen, z. B. nach der sprachlichen und formalen Gestaltung oder nach der Epocheneinordnung, präzisiert.

Typische Arbeitsaufgaben für den Textvergleich sind:

Zeigen Sie in einer vergleichenden Interpretation, wie beide Dichter ihr Thema entwickeln und sprachlich gestalten!

Untersuchen Sie in einer vergleichenden Interpretation, wie das gemeinsame Motiv in unterschiedlichen Sichtweisen sprachlich und formal gestaltet wird und was mit diesen Gestaltungsmittel zum Ausdruck kommt!

Interpretieren und vergleichen Sie die beiden Texte und achten Sie besonders darauf, wie die jeweils dargestellte Situation, die äußeren Vorgänge und das innere Geschehen in ihrem Zusammenwirken gestaltet werden!

Vergleichen und interpretieren Sie die folgenden Texte! Achten Sie besonders auf formale und sprachliche Gestaltungsmittel und ordnen Sie die Texte der jeweiligen literarischen Epoche zu!

2.1 Arbeitsschritte

Auch für die vergleichende Beschäftigung mit lyrischen und epischen Texten ist es schwierig, konkrete und generell gültige Rezepte für die Abfassung eines Aufsatzes zu geben, weil das subjektive Verständnis beim Schreiben eine Rolle spielt und weil sich das Textverständnis im Laufe der Beschäftigung verändern kann. Mit den nachfolgenden Arbeitsschritten lassen sich aber die meisten Aufgabenstellungen bewältigen. In jedem Fall muss man beachten, was genau verlangt ist.

1. Text mehrmals genau lesen, unbekannte Wörter klären.
2. Thema der Texte in einem Satz oder in zwei Sätzen zusammenfassen.
3. Intentionen (Absichten) der Dichter feststellen und notieren. (Dieses Vorverständnis kann nach der intensiven Beschäftigung mit den Texten gegebenenfalls modifiziert werden.)
4. Literarische Gattung bestimmen (bei epischen Texten erforderlich).
5. Texte in Handlungs- und Sinnabschnitte einteilen, Überschriften finden und einzelne Abschnitte kurz zusammenfassen, dabei direkte Rede in indirekte Rede umformen.

6. Geeignete Leitfragen für die vergleichende textimmanente Interpretation eines lyrischen oder epischen Textes formulieren, wenn die Aufgabenstellung keine Leitfragen enthält.
   (vgl. Leitfragen zur Interpretation lyrischer Texte)
   (vgl. Leitfragen zur Interpretation epischer Texte)
7. Stoffsammlung zu den Leitfragen aus der Aufgabenstellung oder Arbeitsschritt 5 erstellen.
8. Gliederung des Aufsatzes entwerfen.
9. Ausarbeitung des Interpretationsaufsatzes.
10. Aufsatz nochmals durchlesen, auf Rechtschreibung, Zeichensetzung und gute Verständlichkeit des Ausdrucks achten.

2.2 Aufbau und Sprache des Aufsatzes

Aufbau des Aufsatzes

A. Einleitung

Dichter, Titel, literarische Gattung, gemeinsames Thema
Formulierung des ersten Eindrucks oder
Vergleich der Entstehungsdaten oder
Problematisierung der Schwierigkeit Gedichte unterschiedlicher Epochen zu interpretieren oder
kurze Zusatzinformationen über Autoren und literarische Epochen

B. Hauptteil

Interpretation von Text 1
(Leitfragen aus der Aufgabenstellung oder Leitfragen aus Arbeitsschritt 6)
Interpretation von Text 2
(Leitfragen aus der Aufgabenstellung oder Leitfragen aus Arbeitsschritt 6)
Zusammenfassender Vergleich
(Gemeinsamkeiten, Unterschiede)

C. Schluss

kann enthalten: Aktualität des Gedichts oder
Versuch einer Wertung oder
literaturgeschichtliche Bedeutung oder
Hinweis auf andere Texte mit ähnlichen Themen oder
bei Problematisierung der verschiedenen Epochenzugehörigkeit in der Einleitung: Lösungsversuch

Sie können den Hauptteil auch anders gliedern. Hier 2 weitere Strukturierungsmöglichkeiten:

1. Möglichkeit: B. Hauptteil
Gemeinsamkeiten
Interpretation von Text 1
Interpretation von Text 2
zusammenfassende Darstellung der Unterschiede

2. Möglichkeit: B. Hauptteil
Metrik (Text 1, Text 2)
Aufbau (Text 1, Text 2)
Inhalt (Text 1, Text 2)
Sprache (Text 1, Text 2)
sprachliche Gestaltungsmittel (Text 1, Text 2)
zentrale Symbole (Text 1, Text 2)

Sprache des Aufsatzes

- Schreibhaltung objektiv und distanziert
- Präsens oder Perfekt (um Vorzeitigkeit auszudrücken) benutzen
- Formulierungen kurz, sachlich und präzise,
- in Inhaltsangabe keine eigene Wertung, z. B. in Form wertender Attribute, und keine Zitate
- Umwandlung der direkten Rede in die indirekte Rede, dabei unbedingt Konjunktiv verwenden
- vom Wortlaut des Textes lösen und in eigenen Worten schreiben
- Behandlung der Leitfragen immer mit Textbezug (Zitate!)
- Fachbegriffe verwenden

Textverweis

Üben Sie richtiges Zitieren in Ü 27 (Bd. 1)!
Üben Sie die Umformung direkte Rede → indirekte Rede in Ü 1 (Bd. 1) und Ü 2 (Bd. 1)!

2.3 Ausführung der Arbeitsschritte bei lyrischen Texten

Aufgabe

Arbeitsaufgabe:
Interpretieren und vergleichen Sie die beiden folgenden Gedichte!

Info

Andreas Gryphius, geboren 1616 in Glogau/Schlesien, gestorben 1664 in Glogau/Schlesien, Hauslehrer, einer der wichtigsten Dichter des Barock
Dramen und Gedichte, z. B. *Horribilicribifax* (1663)

Lesetext

Andreas Gryphius (1616–1664)
An sich selbst

Mir grauet vor mir selbst, mir zittern alle Glieder,
Wenn ich die Lipp und Nas und beider Augen Kluft,
Die blind vom Wachen sind, des Atems schwere Luft
Betracht und die nun schon erstorbnen Augenlider.

Die Zunge, schwarz vom Brand, fällt mit den Worten nieder
Und lallt, ich weiß nicht was; die müde Seele ruft
Dem großen Tröster zu; das Fleisch ruft nach der Gruft;
Die Ärzte lassen mich, die Schmerzen kommen wieder.

Mein Körper ist nicht mehr als Adern, Fell und Bein.
Das Sitzen ist mein Tod, das Liegen meine Pein.
Die Schenkel haben selbst nun Träger wohl vonnöten.

Was ist der hohe Ruhm, und Jugend, Ehr und Kunst?
Wenn diese Stunde kommt, wird alles Rauch und Dunst,
Und eine Not muss uns mit allem Vorsatz töten.

(Aus: Deutsche Gedichte. Ausgewählt und eingeleitet von Karl Krolow. Bd. 1. 5. Auflage Frankfurt am Main 1987, S. 80)

Info

Robert Gernhardt, geboren 1937 in Reval/Estland. Studium der Malerei und der Germanistik
Gedichte, z. B. *Ich Ich Ich* (1982)

Lesetext

Robert Gernhardt (geb. 1937)
***Siebenmal mein Körper* (1987)**

Mein Körper ist ein schutzlos Ding,
wie gut, dass er mich hat.
Ich hülle ihn in Tuch und Garn
und mach ihn täglich satt.

Mein Körper hat es gut bei mir,
ich geb' ihm Brot und Wein.
Er kriegt von beidem nie genug,
und nachher muss er spein.

Mein Körper hält sich nicht an mich,
er tut, was er nicht darf.
Ich wärme mich an Bild, Wort, Klang,
ihn machen Körper scharf.

Mein Körper macht nur, was er will,
macht Schmutz, Schweiß, Haar und Horn.
Ich wasche und beschneide ihn
von hinten und von vorn.

Mein Körper ist voll Unvernunft,
ist gierig, faul und geil.
Tagtäglich geht er mehr kaputt,
ich mach ihn wieder heil.

Mein Körper kennt nicht Maß noch Dank,
er tut mir manchmal weh.
Ich bring ihn trotzdem übern Berg
und fahr ihn an die See.

Mein Körper ist so unsozial.
Ich rede, er bleibt stumm.
Ich leb ein Leben lang für ihn.
Er bringt mich langsam um.

(Aus: Körper in Cafés. Frankfurt a. M. 1997, S. 62)

Lösung

Lösungsvorschlag:

1. **Text mehrmals genau lesen, unbekannte Wörter klären.**

2. **Thema der Texte in einem Satz oder in zwei Sätzen zusammenfassen.**
   Gemeinsames Thema ist die Vergänglichkeit des Körpers.

3. **Intentionen (Absichten) der Autoren feststellen und notieren.**
   Intention von Gryphius: Mahnung, Vergänglichkeit nicht zu vergessen; alles, was nach außen hin auszeichnet, wird in der Stunde des Todes zunichte sein.
   Intention von Gernhardt: will Leser möglicherweise erheitern, aber auch nachdenklich stimmen (vgl. v. a. Vers 28)

4. **Literarische Gattung bestimmen (bei epischen Texten erforderlich).**
   Keine genaue Bestimmung notwendig.

5. **Text in Handlungs- und Sinnabschnitte einteilen, Überschriften finden und einzelne Abschnitte kurz zusammenfassen, dabei direkte Rede in indirekte Rede umformen.**

Andreas Gryphius (1616–1664)
An sich selbst

Mir grauet vor mir selbst, mir zittern alle Glieder,
Wenn ich die Lipp und Nas und beider Augen Kluft,
Die blind vom Wachen sind, des Atems schwere Luft
Betracht und die nun schon erstorbnen Augenlider.

Lyrisches Ich beschreibt seinen todkranken, zitternden, schlaflosen Körper.

Die Zunge, schwarz vom Brand, fällt mit den Worten nieder
Und lallt, ich weiß nicht was; die müde Seele ruft
Dem großen Tröster zu; das Fleisch ruft nach der Gruft;
Die Ärzte lassen mich, die Schmerzen kommen wieder.

Lyrisches Ich beschreibt seine geistige Verwirrung. Seele sehne sich nach Gott, während Körper sterben wolle.

Mein Körper ist nicht mehr als Adern, Fell und Bein.
Das Sitzen ist mein Tod, das Liegen meine Pein.
Die Schenkel haben selbst nun Träger wohl vonnöten.
Was ist der hohe Ruhm, und Jugend, Ehr und Kunst?

Lyrisches Ich findet keine schmerzfreie Körperhaltung mehr, es ist ans Bett gefesselt.

Wenn diese Stunde kommt, wird alles Rauch und Dunst,
Und eine Not muss uns mit allem Vorsatz töten.

Reflexion des lyrischen Ich: Wert früherer Ideale angesichts des Todes

(Aus: Deutsche Gedichte. Ausgewählt und eingeleitet von Karl Krolow. Bd. 1. 5. Auflage Frankfurt am Main 1987, S. 80)

Robert Gernhardt (geb. 1937)
***Siebenmal mein Körper* (1987)**

Mein Körper ist ein schutzlos Ding,
wie gut, dass er mich hat.
Ich hülle ihn in Tuch und Garn
und mach ihn täglich satt.

Schutzloser Körper wird vom lyrischen Ich mit Kleidung und Nahrung versorgt.

Mein Körper hat es gut bei mir,
ich geb' ihm Brot und Wein.
Er kriegt von beidem nie genug,
und nachher muss er spein.

maßloser Körper, der nie genug bekommt

Mein Körper hält sich nicht an mich,
er tut, was er nicht darf.
Ich wärme mich an Bild, Wort, Klang,
ihn machen Körper scharf.

Nach leiblichen/sexuellen Genüssen strebender Körper, lyrisches Ich strebt nach geistigen Genüssen.

Mein Körper macht nur, was er will,
macht Schmutz, Schweiß, Haar und Horn.
Ich wasche und beschneide ihn
von hinten und von vorn.

Egoistischer Körper wird vom lyrischen Ich gepflegt.

Mein Körper ist voll Unvernunft,
ist gierig, faul und geil.
Tagtäglich geht er mehr kaputt,
ich mach ihn wieder heil.

Unvernünftiger, morbider Körper wird vom lyrischen Ich gepflegt.

Mein Körper kennt nicht Maß noch Dank,
er tut mir manchmal weh.
Ich bring ihn trotzdem übern Berg
und fahr ihn an die See.

Maßloser, undankbarer Körper wird vom lyrischen Ich Genesung und Urlaub zuteil.

Mein Körper ist so unsozial. Ich rede, er bleibt stumm. Ich leb ein Leben lang für ihn. Er bringt mich langsam um.	Unsozialer Körper bringt lyrisches Ich um, obgleich es sich das ganze Leben um ihn sorgt.

(Aus: Körper in Cafés. Frankfurt a. M. 1997, S. 62)

6. **Geeignete Leitfragen für die textimmanente Interpretation eines lyrischen Textes formulieren, wenn Aufgabenstellung keine Leitfragen enthält.**
   Gemeinsame Leitfragen für den Vergleich beider Gedichte könnten sein:
   1. Wie lassen sich Inhalt und Aussage zusammenfassen?
   2. Welche sprachlichen und formalen Gestaltungsmittel werden verwendet, wie unterstützen sie die Aussage?
   3. Gibt es Schlüsselbegriffe/zentrale Symbole?

7. **Stoffsammlung zu den Leitfragen aus der Aufgabenstellung oder Arbeitsschritt 5 erstellen.**

Andreas Gryphius
An sich selbst

1. **Leitfrage: Wie lassen sich Inhalt und Aussage zusammenfassen?**
   Vgl. Arbeitsschritte 3 und 4.

2. **Leitfrage: Welche sprachlichen und formalen Gestaltungsmittel werden verwendet, wie unterstützen sie die Aussage?**

Sprachliche und formale Mittel	Zitat und Belegstelle	Bezug zu Intention und Wirkung
Gedichtform: Sonett	2 Quartette, 2 Terzette	2 Quartette mit Beschreibung des sterbenden Körpers 1. Terzett hebt Ausgeliefertsein durch völlige Bewegungslosigkeit hervor 2. Terzett als Fazit: rhetorische Frage mit Antwort

Sprachliche und formale Mittel	Zitat und Belegstelle	Bezug zu Intention und Wirkung
Metrum: Alexandriner	z. B. V. 1	beliebtes Versmaß des Barock, Zäsur nach dritter Hebung begrenzt Zusammengehöriges, teilweise mit Aufzählungscharakter
Reimform: abba= umarmender Reim aa=Paarreim	z. B. V. 1–4 V. 9 f.	Zusammengehöriges wird verbunden
Enjambement	V. 2–4	inhaltliche Bewegung des Aufschauens wird durch Zeilensprung nachvollzogen
Inversion	„(...) Betracht und die nun schon erstorbnen Augenlider" (V. 4)	Nachdruck auf den toten Lidern
Personifizierung Parallelismus	„(...) die müde Seele ruft" (V. 6) „(...) das Fleisch ruft nach der Gruft"(V. 7)	Seele als Sitz des Unsterblichen, will zu Gott Fleisch als Verkörperung des Vergänglichen, will sterben
Metapher	„(...) die müde Seele ruft / Dem großen Tröster zu (...)" (V. 6 f.)	Gott als Tröster, bei dem Sterbender Ruhe findet
Kontrast Parallelismus	„Die Ärzte lassen mich, die Schmerzen kommen wieder" (V. 8)	Verstärkung des Eindrucks von Leiden
Trias	„Adern, Fell und Bein" (V. 9)	Reduzierung des Körpers auf drei Bestandteile zeigt seinen geringen Wert.

Parallelismus	„Das Sitzen ist mein Tod, das Liegen meine Pein" (V. 10)	Erhöhung der Eindringlichkeit
Hendiadyoin Metapher	„Rauch und Dunst" (V. 13)	Ausdruck der Nichtigkeit des äußeren Scheins
rhetorische Frage	„Was ist der hohe Ruhm, und Jugend, Ehr und Kunst?" (V. 12)	als zusammenfassender Appell zum Leser gewendet, Lehre

3. **Leitfrage: Gibt es Schlüsselbegriffe/zentrale Symbole?**
   Wortfeld für Tod und Sterben: „erstorbnen" (V. 4), „Gruft" (V. 7), „Tod" (V. 10), „töten" (V. 14); Gott als „großer Tröster" (V. 7): einzige Hoffnung des Sterbenden; „Ruhm, und Jugend, Ehr' und Kunst" (V. 12): äußere Werte, die vergänglich sind; „Seele", die als unvergänglicher Teil des Sterbenden nach Gott ruft.

Robert Gernhardt
Siebenmal mein Körper

1. **Leitfrage: Wie lassen sich Inhalt und Aussage zusammenfassen?**
   Vgl. Arbeitsschritte 3 und 4.

2. **Leitfrage: Welche sprachlichen und formalen Gestaltungsmittel werden verwendet, wie unterstützen sie die Aussage?**

Sprachliche und formale Mittel	Zitat und Belegstelle	Bezug zu Intention und Wirkung
Gedichtform: 7 Strophen, jeweils 4 Verse; erster Vers jeder Strophe beginnt immer mit „Mein Körper".	vgl. V. 1–28	verweist auf Titel des Gedichts; 7 Strophen, die jeweils verschiedene Defizite des Körpers zeigen und wie sich das lyrische Ich um den Körper bemüht; besondere Betonung liegt dabei auf dem Schlussvers „Er bringt mich langsam um." (V. 28)

Sprachliche und formale Mittel	Zitat und Belegstelle	Bezug zu Intention und Wirkung
Metrik: vierhebige und dreihebige Jamben wechseln sich ab	z. B. V. 1 f.	Regelmäßiges Versmaß könnte auf Gewohnheit der beschriebenen alltäglichen Vorsorge für den Körper hindeuten.
Reimform: reimlos sind jeweils der erste und dritte Vers einer Strophe, zweiter und vierter Vers als Kreuzreim	z. B. V. 1–4	s. oben; zusätzlich fällt auf, dass Satz- und Versende bis auf zwei Ausnahmen (V. 13 f., V. 17 f.) immer zusammenfallen, auch diese Beobachtung unterstützt Deutung, dass alltägliche Gewohnheit durch Sprache vermittelt werden soll.
Synekdoche (pars pro toto)	„Tuch und Garn" (V. 3)	Vereinfachung, Anschaulichkeit
Trias Metapher	„Ich wärme mich an Bild, Wort, Klang" (V. 11)	steht für geistige Genüsse als Energiequelle (Wärme) und als Ort, wo sich lyrisches Ich wohl fühlt
Alliteration	„(...) Schmutz, Schweiß, Haar und Horn" (V. 14)	Zusammenbindung der Aufzählungen, wirkt plakativ
Trias	„gierig, faul und geil" (V. 18)	gesteigerte Betonung der negativen Eigenschaften des Körpers
Anspielung Ironie	„Ich bring ihn trotzdem übern Berg" (V. 23)	im Sinne von gesund machen oder über die Berge fahren

Alliteration	„Ich leb ein Leben lang für ihn" (V. 27)	Eindringlichkeit verstärkt
Wortspiel	„ein Leben lang", „langsam" (V. 27 f.)	Verstärkung des Kontrastes zwischen lyrischem Ich und seinem Körper

3. **Leitfrage: Gibt es Schlüsselbegriffe/zentrale Symbole?**
   Siebenmal wird mit ausdrücklicher Betonung „mein Körper" genannt (vgl. Titel *Siebenmal mein Körper*), Hinweis auf spannungsreiches Nebeneinander zwischen dem lyrischen Ich und seinem Körper

8. **Gliederung des Aufsatzes entwerfen.**

A. Einleitung
Dichter, Titel, literarische Gattung, gemeinsames Thema, erster Eindruck

B. Hauptteil

I. Interpretation von *An sich selbst*
   1. Inhalt/Aussage
   2. sprachliche und formale Gestaltungsmittel
   3. Schlüsselbegriffe/zentrale Symbole

II. Interpretation von *Siebenmal mein Körper*
   1. Inhalt/Aussage
   2. sprachliche und formale Gestaltungsmittel
   3. Schlüsselbegriffe/zentrale Symbole

III. zusammenfassender Vergleich
   1. Gemeinsamkeiten
   2. Unterschiede

C. Schluss
Versuch einer Wertung, Aktualität der Gedichte

9. **Ausarbeitung des Interpretationsaufsatzes.**

A. Einleitung
Das Sonett *An sich selbst* von Andreas Gryphius und das Gedicht *Siebenmal mein Körper* von Robert Gernhardt widmen sich dem gleichen Thema, der Vergänglichkeit des Körpers. Beide Gedichte hinterlassen nach dem ersten Lesen zunächst ein beklemmendes Gefühl, das bewirkt, dass man als Leser über die

eigene Vergänglichkeit nachzudenken beginnt. Diese Wirkung hat zum einen sicher etwas mit dem Inhalt der Gedichte, zum anderen aber auch mit der sprachlichen und formalen Gestaltung zu tun. Beiden Gesichtspunkten wollen wir in der nachfolgenden vergleichenden Interpretation nachgehen.

B. Hauptteil

I. Interpretation von *An sich selbst*

1. Inhalt/Aussage

Das lyrische Ich im Sonett *An sich selbst* beschreibt eine Sterbesituation. Unklar bleibt, ob es sich um eine reale oder fiktive Situation handelt. Im ersten Quartett stellt das lyrische Ich seinen todkranken, zitternden Körper dar, der schon lange keinen erholsamen Schlaf mehr gefunden hat. Im zweiten Quartett kommt zu dem physischen Verfall noch der geistige: Das lyrische Ich beschreibt die geistige Verwirrung, wenn es nicht mehr weiß, was es sagt. Seine Seele sehne sich nach Gott, während sein Körper sterben wolle. Das erste Terzett macht deutlich, dass das lyrische Ich keine schmerzfreie Körperhaltung mehr findet und gleichzeitig ans Bett gefesselt ist. Im zweiten Terzett reflektiert das lyrische Ich über den Wert früherer Ideale angesichts des nun drohenden Todes.

Das Sonett lässt sich als eine eindringliche Mahnung lesen, den Wert des Strebens nach äußerlichen Idealen zu überdenken. Alles das, wofür der Mensch während seines Lebens viel Energie aufwendet, wird mit dem Tod zunichte gemacht. Aber Gryphius lässt den Leser nicht in Resignation zurück: Die Wendung „(...) die müde Seele ruft / Dem großen Tröster zu (...)" (V. 6 f.) eröffnet eine bleibende Perspektive über den Tod hinaus.

2. sprachliche und formale Gestaltungsmittel

Die sprachliche und formale Gestaltung steht im Dienst dieser dichterischen Intention:

Schon die Wahl des Sonetts als Gedichtform deutet darauf hin, dass der Dichter eine allgemein gültige Lehre formulieren will. Die beiden Quartette beschreiben die Ausgangssituation, im zweiten Terzett wird das Fazit gezogen und in eine rhetorische Frage „Was ist der hohe Ruhm, und Jugend, Ehr und Kunst?" (V. 12), mit darauffolgender Antwort, die durch den Paarreim als zusammengehörig herausgehoben wird, gekleidet. Alle diese Ideale sind im Angesicht des Todes nichts mehr wert; diese Nichtigkeit wird treffend mit dem Hendiadyoin „Rauch und Dunst" (V. 13) ausgedrückt. Der Blick wandert von den Lippen über die Nase hin zu den Augenlidern, diese Bewegung des Aufschauens wird formal durch das Enjambement in den Versen 2–4 unterstützt. Beson-

derer Nachdruck, hervorgehoben durch die Voranstellung des Prädikats, liegt auf den „(...) nun schon erstorbnen Augenlider(n)" (V. 4), die das Erlöschen des Lebens metaphorisch verdeutlichen.
Seele und Fleisch werden menschliche Eigenschaften zugesprochen (vgl. V. 6 f.). Die Seele als Sitz des Unsterblichen sehnt sich nach der Ruhe bei Gott, das Fleisch als Verkörperung des Vergänglichen will die Ruhe im Grab finden. Von beiden wird gesagt, sie „rufen", und dieser Ruf wird durch den syntaktischen Parallelismus und die Wiederholung des Verbs „rufen" eindringlich verstärkt.
Die Ärzte scheinen dem Kranken nicht mehr helfen zu können, ihr Gehen bewirkt die Rückkehr der Schmerzen. Der inhaltliche Gegensatz wird durch Metrik und sprachliche Gestaltung verstärkt: Die Zäsur nach der dritten Hebung fällt mit dem Gehen der Ärzte zusammen, syntaktisch parallel dazu kehren die Schmerzen mit den letzten drei Hebungen des Verses zurück. Einen Eindruck von den Schmerzen, die das lyrische Ich plagen, erhält der Leser auch durch einen weiteren Parallelismus in V. 10: „Das Sitzen ist mein Tod, das Liegen meine Pein."

3. **Schlüsselbegriffe/zentrale Symbole**

In diesem Sonett ist vom Tod die Rede. Zu diesem Ergebnis kommt man auch, wenn man sich das Wortfeld für Tod und Sterben betrachtet: „erstorbnen" (V. 4), „Gruft" (V. 7), „Tod" (V. 10), „töten" (V. 14). In jedem Quartett oder Terzett fällt also ein Wort, das auf Tod hinweist. Neben dem Schlüsselwort „Tod" ist auch der Hinweis auf den „Tröster" bedeutsam. Er stellt die einzige Hoffnung für den Sterbenden dar. Wichtige Begriffe sind natürlich auch „Ruhm, und Jugend, Ehr und Kunst" (V. 12), weil sie die hoch geschätzten Ideale sind, deren Nichtigkeit sich jetzt erweist.

II. Interpretation von *Siebenmal mein Körper*

1. Inhalt/Aussage

Die Todesstimmung aus *An sich selbst* kommt dem Leser in *Siebenmal mein Körper* nur aus dem letzten Vers entgegen. Thema ist zunächst auch die Vergänglichkeit, dann aber vor allem das Verhältnis zwischen lyrischem Ich und seinem Körper. In den ersten beiden Strophen bezeichnet das lyrische Ich den eigenen Körper als schutz- und maßlos; er werde mit Kleidung und Essen versorgt, könne aber nie genug bekommen. Während sich das lyrische Ich geistigen Genüssen zuwende, strebe der Körper nach sexuellem Erleben. In der vierten und fünften Strophe ist davon die Rede, dass der Körper vom lyrischen Ich zwar gepflegt werde, aber dennoch immer wieder krank werde. Die Pflege werde dem lyrischen Ich nicht gedankt; trotzdem kümmert sich das lyrische Ich um den Heilungsfortschritt und fahre mit ihm in Urlaub. Die letzte Strophe treibt den Kontrast auf die Spitze: Obgleich sich das lyrische Ich sein ganzes Leben lang um den Körper sorge, bringe er es „langsam um" (V. 28).

2. **sprachliche und formale Gestaltungsmittel**
   Der inhaltliche Kontrast zwischen dem pflegenden Ich und dem undankbaren, morbiden Körper bestimmt vor allem den Aufbau der einzelnen Strophen. Jede Strophe besteht jeweils aus zwei vollständigen Sätzen mit drei- bzw. vierhebigen Jamben, außerdem fallen Satz- und Versende bis auf zwei Ausnahmen immer zusammen. Der dadurch erzielte gleichförmige Rhythmus könnte auf die alltägliche Gewohnheit hindeuten, mit der das lyrische Ich der Körperpflege nachgeht. Die sich wiederholende Tätigkeit findet ihre formale Entsprechung in der monotonen Wiederholung von „Mein Körper" zu Beginn jeder Strophe. Die Eigenschaften des Körpers werden ohne Umschweife beim Namen genannt: Er ist „gierig, faul und geil" (V. 18); diese Trias aus teilweise umgangssprachlichen Wendungen schließt die Gewöhnlichkeit des Körpers auf. Das Gedicht verwendet poetische Mittel sehr sparsam: metaphorische Ausdrücke unterstreichen die Anschaulichkeit, wie z. B. die Synekdoche „Tuch und Garn" (V. 3) oder die Trias „Bild, Wort, Klang" (V. 11), die für geistige Genüsse steht. Die plakative Aufzählung von „(...) Schmutz, Schweiß, Haar und Horn" (V. 14) erhält ihre sprachliche Unterstützung durch die Alliteration. Der weitgehende Verzicht auf den Einsatz poetischer Mittel deutet darauf hin, dass sich das Gedicht um eine klare, verständliche und vor allem unmissverständliche Ausdrucksweise bemüht.
   Manche Wortwahl lässt auch den Schluss zu, dass der Leser erheitert werden soll (vgl. V. 12). Die ironische Wendung „Ich bring ihn trotzdem übern Berg" (V. 23) ist in ihrer Doppeldeutigkeit als „gesund machen" und „in die Berge fahren" ganz sicher mit dem Ziel der Belustigung formuliert. Belustigend wirkt zwar auch das Wortspiel in Vers 27 f.: „Ich leb ein Leben lang für ihn. / Er bringt mich langsam um", der ernste Inhalt lässt den Leser das Lachen aber vergessen. Der inhaltliche Schwerpunkt des Gedichts liegt auf dieser letzten Strophe. Sie ist die einzige Strophe mit drei vollständigen Sätzen und die eben zitierten letzten Verse, die den Kontrast zwischen lyrischem Ich und Körper verstärken, haben den Charakter eines Merksatzes, der durch die Alliteration „Ich leb ein Leben lang für ihn" (V. 27) unterstrichen wird.

3. **Schlüsselbegriffe/zentrale Symbole**
   Der Schlüsselbegriff dieses Gedichtes ist sicherlich „mein Körper", der siebenmal, so wie es der Titel auch ankündigt, ausdrücklich genannt

wird. Das spannungsreiche Nebeneinander zwischen dem lyrischen Ich, das sich der intensiven Pflege verschreibt, und seinem Körper, der dies nicht zu würdigen weiß, beherrscht das Gedicht.

III. zusammenfassender Vergleich

1. Gemeinsamkeiten

Halten wir zusammenfassend die Gemeinsamkeiten und Unterschiede fest, so wird deutlich, dass beide Gedichte sich zwar mit der Vergänglichkeit und der Unvollkommenheit des Körpers beschäftigen, dass beide Dichter aber unterschiedliche Akzente setzen.
In *An sich selbst* liegt die Betonung darauf, dass der Tod alle äußeren Ideale wie Ruhm und Ehre zunichte macht. Nimmt man den Titel mit zur Interpretation dazu, so wird der Appell deutlich, den das lyrische Ich an sich selbst richtet. Hat es den Tod vor Augen, so scheint es besonders im letzten Terzett sein bisheriges Streben nach den äußeren Werten zu bereuen. Steht es noch mitten im Leben, so mahnt es sich selbst, das Ende vor Augen zu haben und Lebensenergie nicht sinnlos zu verschwenden. Andeutungsweise kommt auch ein Gegenentwurf zum Streben nach Ruhm und Ehre zum Ausdruck. Die Seele ruft nach „dem großen Tröster" (V. 7), dies könnte ein Hinweis sein sich frühzeitig ewigen, unvergänglichen Werten zuzuwenden.

2. Unterschiede

Diese Alternative klingt für das lyrische Ich in *Siebenmal mein Körper* keineswegs an. Im Unterschied zu *An sich selbst* beklagt es die Vergänglichkeit nicht mit einer bilderreichen Sprache und es rettet sich nicht in die Welt des metaphysischen Trostes, vielmehr nimmt es die Vergänglichkeit als natürliche Gegebenheit hin und macht sogar ein paar erheiternde Bemerkungen darüber. Als Leser hat man das Gefühl, dass es sich mit diesem nicht veränderbaren Zustand auf eine leise klagende, ironisch-resignierende Weise einverstanden erklärt. Der letzte Vers „Er bringt mich langsam um" (V. 28), beschönigt nichts, sondern enthält das natürliche Gesetz des menschlichen Lebens.

C. Schluss

Zwischen beiden Gedichten liegen mehr als dreihundert Jahre, beide Gedichte gestalten ihr Thema in einer epochentypischen Weise. Auffällig ist, dass der metaphysische Trost, den der Barock-Dichter noch kennt, in dem Gedicht aus dem 20. Jahrhundert fehlt. In einer Zeit, in der immer weniger Menschen eine religiöse Bindung haben, hat das Gedicht von Gernhardt sicherlich die höhere Aktualität. Ob es dem Menschen besser hilft, sein Leben angesichts des irgendwann nahenden Todes zu leben, muss wohl jeder Mensch immer wieder aufs Neue für sich selbst entscheiden.

10. Aufsatz nochmals durchlesen, auf Rechtschreibung, Zeichensetzung und gute Verständlichkeit des Ausdrucks achten.

2.4 Ausführung der Arbeitsschritte bei epischen Texten

Arbeitsaufgabe:
Interpretieren und vergleichen Sie die beiden Geschichten!

Martin Luther, geboren 1483 in Eisleben, gestorben 1546 in Eisleben. Jura- und Theologiestudium, bedeutender Reformator
v. a. theologische Schriften, z. B. *Von der Freiheit eines Christenmenschen* (1520)

Martin Luther (1483–1546)
Wolf und Lämmlein

Ein Wolf und ein Lämmlein trafen sich zufällig an einem Bach, um zu trinken. Der Wolf trank oben am Bach, das Lämmlein aber weit entfernt unten. Als der Wolf das Lämmlein sah, lief er zu ihm und sprach: „Warum trübst du mir das Wasser, dass ich nicht trinken kann?“ Das Lämmlein antwortete: „Wie kann ich dir das Wasser trüben? Du trinkst doch oberhalb und könntest es mir eher trüben.“ Da sprach der Wolf: „Wie, beleidigst du mich auch noch?“ Das Lämmlein antwortete: „Ich beleidige dich nicht.“ Daraufhin sagte der Wolf: „Dein Vater hat das vor sechs Monaten ebenfalls getan, und du willst dich als Vater zeigen.“ Das Lämmlein antwortete: „Damals war ich noch nicht geboren. Warum soll ich für meinen Vater büßen?“ Da sprach der Wolf: „Du hast mir aber meine Wiesen und Äcker abgenagt und verdorben.“ Das Lämmlein antwortete ihm: „Wie kann das möglich sein, da ich doch noch keine Zähne habe?“ – „Nun gut“, sagte der Wolf, „auch wenn du gut begründen und reden kannst, werde ich doch heute nicht ohne Fressen bleiben.“ Und er würgte das unschuldige Lämmlein und fraß es auf.

Lehre: So ist der Lauf der Welt. Wer fromm sein will, muss leiden, wenn einer Streit sucht. Denn Gewalt steht über dem Recht. Wenn man dem Hund übel will, hat er das Leder gefressen. Wenn der Wolf es so will, ist das Lamm im Unrecht.

(Aus: Fabeln aus drei Jahrtausenden. Auswahl und Nachwort von Reinhard Dithmar. Zürich 1976, S. 79 f.)

> Gotthold Ephraim Lessing, geboren 1729 in Kamenz, gestorben 1781 in Braunschweig. Studium der Theologie und Philosophie, bedeutsamer Dichter der Aufklärung
> Dramen, z. B. *Miss Sara Sampson* (1755), *Minna von Barnhelm* (1767)

Gotthold Ephraim Lessing (1729–1781)
Der Wolf und das Schaf

Der Durst trieb ein Schaf an den Fluss; eine gleiche Ursache führte auf der anderen Seite einen Wolf herzu. Durch die Trennung des Wassers gesichert und durch die Sicherheit höhnisch gemacht, rief das Schaf dem Räuber hinüber: „Ich mache dir doch das Wasser nicht trübe, Herr Wolf? Sieh mich recht an; habe ich dir nicht vor sechs Wochen nachgeschimpft? Wenigstens wird es mein Vater gewesen sein."
Der Wolf verstand die Spötterei; er betrachtete die Breite des Flusses und knirschte mit den Zähnen. „Es ist dein Glück", antwortete er, „dass wir Wölfe gewohnt sind, mit euch Schafen Geduld zu haben", und ging mit stolzen Schritten weiter.

(Aus: Fabeln aus drei Jahrtausenden. Auswahl und Nachwort von Reinhard Dithmar. Zürich 1976, S. 196 f.)

Lösungsvorschlag:

1. **Text mehrmals genau lesen, unbekannte Wörter klären.**

2. **Thema der Texte in einem Satz oder in zwei Sätzen zusammenfassen**
   Beide Geschichten erzählen von der Begegnung zwischen einem Wolf und einem Schaf. In der Geschichte Martin Luthers endet diese Begegnung für das Schaf tödlich.

3. **Intentionen (Absichten) der Dichter feststellen und notieren.**
   Luther formuliert eine allgemeine Lehre: Der Mächtige bestimmt, was recht ist. Lessing verzichtet auf eine ausdrückliche Lehre. Das lässt zwei Deutungsmöglichkeiten: Zum einen kann man den Sieg des Schwachen feststellen, der seine unangreifbare Lage zur „Rache" für erlittene Verfolgung ausnutzt, zum anderen macht die Antwort des Wolfs wahrscheinlich, dass der Sieg des Stärkeren nur eine Frage der Zeit ist.

4. **Literarische Gattung bestimmen.**
   Es handelt sich um Fabeln.
   Begründung: Luther und Lessing verwenden Tiere, einen Wolf und ein Schaf, als Träger bestimmter menschlicher Eigenschaften. Außerdem wird eine lehrhafte

Moral am Ende von Luthers Geschichte formuliert. Bei Lessing muss man die unausgesprochene Lehre dazudenken.

5. **Text in Handlungs- und Sinnabschnitte einteilen, Überschriften finden und einzelne Abschnitte kurz zusammenfassen, dabei direkte Rede in indirekte Rede umformen.**

Martin Luther (1483–1546)
Wolf und Lämmlein

Ein Wolf und ein Lämmlein trafen sich zufällig an einem Bach, um zu trinken. Der Wolf trank oben am Bach, das Lämmlein aber weit entfernt unten. Als der Wolf das Lämmlein sah, lief er zu ihm	Begegnung Wolf/Schaf
und sprach: „Warum trübst du mir das Wasser, dass ich nicht trinken kann?" Das Lämmlein antwortete: „Wie kann ich dir das Wasser trüben? Du trinkst doch oberhalb und könntest es mir	1. Vorwurf: Schaf trübe Wasser – Schaf widerlegt.
eher trüben." Da sprach der Wolf: „Wie, beleidigst du mich auch noch?" Das Lämmlein antwortete: „Ich beleidige dich nicht." Daraufhin sagte der Wolf: „Dein Vater hat das vor sechs Monaten ebenfalls getan, und du willst dich als	2. Vorwurf: Beleidigung – Schaf widerspricht.
Vater zeigen." Das Lämmlein antwortete: „Damals war ich noch nicht geboren. Warum soll ich für meinen Vater büßen?" Da sprach der Wolf: „Du hast mir aber meine Wiesen und Äcker abgenagt	3. Vorwurf: Vater habe beleidigt – Schaf widerlegt.
und verdorben." Das Lämmlein antwortete ihm: „Wie kann das möglich sein, da ich doch noch keine Zähne habe?" – „Nun gut", sagte der Wolf, „auch wenn du gut begründen und reden kannst, werde ich doch heute nicht ohne Fressen bleiben."	4. Vorwurf: Zerstörung der Wiesen – Schaf widerlegt.
Und er würgte das unschuldige Lämmlein und fraß es auf.	Ergebnis: Schaf wird gefressen.
Lehre: So ist der Lauf der Welt. Wer fromm sein will, muss leiden, wenn einer Streit sucht. Denn Gewalt steht über dem Recht. Wenn man dem Hund übel will, hat er das Leder gefressen. Wenn der Wolf es so will, ist das Lamm im Unrecht.	Lehre: Der Mächtige bestimmt, wer Recht hat.

(Aus: Fabeln aus drei Jahrtausenden. Auswahl und Nachwort von Reinhard Dithmar. Zürich 1976, S. 79 f.)

Gotthold Ephraim Lessing (1729–1781)
Der Wolf und das Schaf

Der Durst trieb ein Schaf an den Fluss; eine gleiche Ursache führte auf der anderen Seite einen Wolf herzu. Durch die Trennung des Wassers gesichert und durch die Sicherheit höhnisch gemacht, rief das Schaf dem Räuber hinüber: „Ich mache dir doch das Wasser nicht trübe, Herr Wolf? Sieh mich recht an; habe ich dir nicht vor sechs Wochen nachgeschimpft? Wenigstens wird es mein Vater gewesen sein.“	Begegnung Schaf/Wolf Schaf wiegt sich in Sicherheit: 1. spöttische Bemerkung: Trübung des Wassers 2. spöttische Bemerkung: Beleidigung
Der Wolf verstand die Spötterei; er betrachtete die Breite des Flusses und knirschte mit den Zähnen. „Es ist dein Glück“, antwortete er, „dass wir Wölfe gewohnt sind, mit euch Schafen Geduld zu haben“, und ging mit stolzen Schritten weiter.	3. spöttische Bemerkung: Beleidigung durch Vater Reaktion des Wolfes: Stolz, Hinweis auf Geduld der Wölfe

(Aus: Fabeln aus drei Jahrtausenden.
Auswahl und Nachwort von Reinhard Dithmar.
Zürich 1976, S. 196 f.)

6. Geeignete Leitfragen für die textimmanente Interpretation eines epischen Textes formulieren, wenn Aufgabenstellung keine Leitfragen enthält.

1. Wie lassen sich Inhalt und Aussage zusammenfassen?
2. Wie lassen sich die Hauptpersonen in ihrem Verhältnis zueinander charakterisieren?
3. Gibt es Wörter, denen eine besondere Bedeutung zukommt?
4. Welche Rolle spielen Raum und Zeit?
5. Aus welcher Perspektive wird erzählt?
6. Wie sind Realitäts- und Aktualitätsbezug zu beurteilen?

7. Stoffsammlung zu den Leitfragen aus der Aufgabenstellung oder Arbeitsschritt 5 erstellen.

1. **Leitfrage: Wie lassen sich Inhalt und Aussage zusammenfassen?**
   Vgl. Arbeitsschritt 5.

2. **Leitfrage: Wie lassen sich die Hauptpersonen in ihrem Verhältnis zueinander charakterisieren?**

Luther: Schaf
- mit Mut und Glauben an die Überzeugungskraft rationaler Argumente,
- nicht pragmatisch, denn es verkennt die lebensgefährliche Lage, in der es seit der Anwesenheit des Wolfes ist,
- Wahrheits- und Gerechtigkeitssinn bewirken zusammen mit dem Glauben, dass die allgemeine Logik auch den Mächtigen gilt, seinen Untergang.

Wolf
- als hungriges, machtbewusstes Tier, sucht zunächst Angriff auf Schaf durch Argumente zu legitimieren,
- unterliegt im Disput, schafft sich sein Recht selbst im Vertrauen auf seine Kraft.

Lessing: Schaf
- mit Mut infolge der Sicherheit, in der es sich befindet (kein echter Mut!),
- Sicherheit ermöglicht Spott als „Rache" für Verfolgung durch Wolf.

Wolf
- schlagfertig, nutzt Gelegenheit, um Geduld als positive Eigenschaft herauszustellen,
- erkennt momentane Machtlosigkeit, „gewinnt" durch seine Antwort aber dennoch, indem er Schaf in Aussicht stellt bei nächster Gelegenheit gefressen zu werden (ausgeprägtes Machtbewusstsein).

3. **Leitfrage: Gibt es Wörter, denen eine besondere Bedeutung zukommt?**
Fabel als Erzählung mit Bild- und Sachhälfte, Schlüsselworte sind „Wolf" und „Lamm" bzw. „Schaf". Tiere in der Fabel tragen menschliche Eigenschaften. „Wolf" steht auf der Sachhälfte allgemein für Mächtige, die selbst definieren, was Recht und Gerechtigkeit ist (Luther), bzw. die auch im Moment vermeintlicher Unterlegenheit im Bewusstsein ihrer Macht geduldig auf ihre Chance warten (Lessing).
„Lamm" bzw. „Schaf" steht auf der Sachhälfte allgemein für Unterdrückte, die unter Mächtigen zu leiden haben. Dies wird besonders bei Luther deutlich. Bei Lessing: Wenn Unterdrückte sich in Sicherheit wiegen, dann kämpfen sie gegen die Mächtigen mit Spott als dem Mittel der Schwachen.

4. **Leitfrage: Welche Rolle spielen Raum und Zeit?**
Keine genauen Zeitangaben, dies lässt auf Allgemeingültigkeit der Aussage schließen.

5. **Leitfrage: Aus welcher Perspektive wird erzählt?**
Auktoriale Erzählhaltung wird deutlich an den Kommentaren, bei Luther z. B. „unschuldige" (Z. 14), bei Lessing z. B. „stolz( )" (Z. 8). Besonders deutlich wird die kommentierende Haltung durch Moral am Schluss der Luther-Fabel.

6. **Leitfrage: Wie sind Realitäts- und Aktualitätsbezug zu beurteilen?**
politischer Hintergrund beider Fabeln: Ständegesellschaft, Monarchie als Staatsform; Rechte des Untertanen nicht durch Verbände, Parteien oder Gewerkschaften vertreten, keine Demokratie, Mächtige mit unantastbarer Stellung;
bei Luther: Betonung des Ausgeliefertseins des Untertanen und der Ungerechtigkeit der Mächtigen; Lehre macht nachdenklich, überraschte Menschen im 16. Jahrhundert aber sicher nicht; hohe Aktualität der Lehre im 16. Jahrhundert; in heutiger Zeit vielleicht im privaten Bereich noch aktuell; im öffentlichen Bereich Kontrollinstanzen (Gewaltenteilung, Medien), die Ungerechtigkeit verhindern und Recht durchsetzen sollen;
bei Lessing: gesellschaftliche Situation wie in Luthers Zeit, aber: Aufklärung als gesellschaftsverändernde Geisteshaltung!
Betonung eines bestimmten Verhaltens, nicht Definition, was Recht ist, sondern Spott als Waffe der Schwächeren; Spott kann auch literarisch, z. B. in Form einer Fabel, artikuliert werden; 2 Deutungsmöglichkeiten:
1. Möglichkeit: Aufgeklärter Untertan setzt sich gegen Mächtige zur Wehr, Mächtige müssen mit Einschränkung ihrer Macht rechnen,
2. Möglichkeit: Wirkungslosigkeit angedeutet; Spott ändert gesellschaftliches System nicht, Mächtige bleiben in ihren Positionen.

8. **Gliederung des Aufsatzes entwerfen.**

A. Einleitung
Dichter, Titel, literarische Gattung, gemeinsames Thema

B. Hauptteil

I. Interpretation von *Wolf und Lämmlein*
   1. Inhalt/Aussage
   2. Charakterisierung
   3. Schlüsselbegriffe/Realitätsbezug

II. Interpretation von *Der Wolf und das Schaf*
   1. Inhalt/Aussage
   2. Charakterisierung
   3. Schlüsselbegriffe / Realitätsbezug

III. zusammenfassender Vergleich
1. Gemeinsamkeiten
2. Unterschiede

C. Schluss
Aktualität der Fabeln

9. Ausarbeitung des Interpretationsaufsatzes.

A. Einleitung
Bei den vorliegenden Erzählungen *Wolf und Lämmlein* des Reformators Martin Luther und *Der Wolf und das Schaf* des Aufklärers Gotthold Ephraim Lessing handelt es sich um Fabeln. Das gemeinsame Thema beider Fabeln ist die Begegnung zwischen einem Wolf und einem Schaf.

B. Hauptteil

I. Interpretation von *Wolf und Lämmlein*

1. Inhalt/Aussage
Martin Luthers Fabel wird von dem Disput zwischen Lamm und Wolf bestimmt. Der Wolf wirft dem Lamm vor, es trübe das Wasser des Flusses, aus dem sie trinken. Das Lamm entgegnet darauf, dass dies doch gar nicht möglich sei, da der Wolf oberhalb trinke. In der gleichen Weise formuliert der Wolf zwei weitere Vorwürfe: Das Lamm bzw. sein Vater habe ihn beleidigt, außerdem würde es ihm Äcker und Wiesen unbrauchbar machen. Die Unsinnigkeit dieser drei Beschuldigungen macht ihm das Lamm jeweils deutlich. Am Ende der Geschichte wird das Lamm vom Wolf gefressen. Der Erzähler formuliert als Lehre, dass der Mächtige bestimme, was Recht ist.

2. Charakterisierung
Wenn wir die Hauptfiguren in ihrem Verhältnis zueinander charakterisieren, so stellt sich das Schaf als eine Figur dar, die mit Mut und dem Glauben an die Überzeugungskraft rationaler Argumente die Anschuldigungen des Wolfes widerlegt. Besonders deutlich wird dies in der Entgegnung auf den Vorwurf, es habe die Wiesen abgenagt. Das Lamm pariert die Anschuldigung mit dem Hinweis auf seine fehlenden Zähne: „Wie kann das möglich sein, da ich doch noch keine Zähne habe?" (Z. 11 f.).
Der Glaube an die Kraft der Argumente kennzeichnet aber auch die Unerfahrenheit des jungen Schafes: Es verkennt die lebensgefährliche Lage, in der es seit der Anwesenheit des Wolfes ist. Seine Unerfahren-

heit bewirkt zusammen mit dem Wahrheits- und Gerechtigkeitssinn und dem Glauben, dass die allgemeine Logik auch den Mächtigen gilt, seinen Untergang.

Der Wolf stellt sich als hungriges, machtbewusstes Tier dar, er hat wohl von Beginn an die Intention das Lamm zu töten und er sucht zunächst diesen Mord durch Argumente zu legitimieren. Im Disput unterliegt er, seine Argumente sind nicht durchdacht. Das, was ihm intellektuell fehlt, macht er durch seine physische Überlegenheit wett: Sein Recht des Stärkeren verschafft er sich selbst im Vertrauen auf seine Kraft.

3. Schlüsselbegriffe/Realitätsbezug

Die Schlüsselbegriffe dieser Fabel, die die Verbindung zwischen Bild- und Sachhälfte herstellen, liegen auf der Hand: „Wolf" und „Lamm" tragen menschliche Eigenschaften. Der Wolf steht auf der Sachhälfte allgemein für Mächtige, die selbst definieren, was Recht und Gerechtigkeit ist. Das Lamm bzw. „Schaf" steht allgemein für Unterdrückte, die unter Mächtigen zu leiden haben. Dies wird besonders in Luthers Fabel deutlich. Luther lässt seinen auktorialen Erzähler auch mit dem resignierenden Satz „So ist der Lauf der Welt" (Z. 15) kommentierend zu Wort kommen. Der Erzähler ist offensichtlich parteiisch und kritisiert den Mächtigen, der das „unschuldige" (Z. 14) Opfer einfach umbringt.

Der politische Hintergrund der Fabeln ist die Ständegesellschaft des 16. Jahrhunderts, in der die Rechte des Untertanen nicht durch Verbände, Parteien oder Gewerkschaften vertreten wurden und in der der politisch Schwache dem Mutwillen des Mächtigen unterworfen war. Luthers Fabel betont das Ausgeliefertsein des Untertanen und der Ungerechtigkeit der Mächtigen; ihre Lehre macht nachdenklich, sie dürfte aber für die Menschen im 16. Jahrhundert keine neue Erkenntnis dargestellt haben.

II. Interpretation von *Der Wolf und das Schaf*

1. Inhalt/Aussage

Die Situation in der rund 200 Jahre später entstandenen Fabel von Lessing ist eine ganz andere: Das Schaf ist durch einen breiten Fluss vor dem Wolf geschützt. Diese Sicherheit veranlasst es zu drei spöttischen Bemerkungen, die sich auf die Trübung des Wassers und die schon aus der Luther-Fabel bekannten Beleidigungen beziehen. Der Wolf reagiert auf den Spott, den er im Moment nicht sanktionieren kann, mit Stolz und dem Hinweis auf seine Geduld.

Die Aussage der Fabel lässt zwei Deutungsmöglichkeiten zu: Zum einen kann man den Sieg des Schafes feststellen, das seine unangreifbare Lage zur „Rache" für erlittene Verfolgung ausnutzt, zum anderen macht die Antwort des Wolfs wahrscheinlich, dass der Sieg des Stärkeren nur eine Frage der Zeit ist. Irgendwann wird kein breiter Fluss dem Schaf das Leben retten.

2. **Charakterisierung**

Das Schaf in der Fabel Lessings hat den Mut des Schwachen, der sich nach Zeiten der Verfolgung in einer Situation vorübergehender Sicherheit wähnt. Ein Ausdruck echten Mutes ist der Spott wohl nicht; er zeigt vielmehr die Unterlegenheit des Schafes, das sich nur in dieser geschützten Lage für die Verfolgung durch den Wolf „rächen" kann.
Der Wolf hingegen lässt sich nicht nur als stark, sondern auch als schlagfertig charakterisieren, wenn er sich über den Spott nicht ärgert, sondern auf die Geduld der Wölfe hinweist. Er erkennt seine momentane Machtlosigkeit und „gewinnt" durch seine Antwort dennoch, indem er dem Schaf in Aussicht stellt, bei nächster Gelegenheit gefressen zu werden. Der Wolf besitzt somit neben seiner Schlagfertigkeit auch ein ausgeprägtes Machtbewusstsein.

3. **Schlüsselbegriffe/ Realitätsbezug**

Die Schlüsselworte der Fabel sind natürlich „Wolf" und „Schaf". Die menschlichen Eigenschaften, für die sie stehen, klangen in der obigen Analyse schon an: Der Wolf steht für den Mächtigen, der auch im Moment vermeintlicher Unterlegenheit geduldig auf seine Chance wartet. Das Schaf dagegen steht auf der Sachhälfte wiederum allgemein für Unterdrückte, die unter Mächtigen zu leiden haben. Wenn Unterdrückte sich in Sicherheit wiegen, dann kämpfen sie gegen die Mächtigen mit Spott als dem Mittel der Schwachen.
Der politische Hintergrund, vor dem die Fabel zu lesen ist, ist durch die Ständegesellschaft und die Monarchie gekennzeichnet. Im 18. Jahrhundert tritt als entscheidende bewusstseinsverändernde Kraft die Aufklärung hinzu, die Gleichheit, Humanität und Toleranz auf der Basis des menschlichen Verstandes proklamierte. Diese Neuerung erkennt man auch in Lessings Fabel: Der Untertan ist dem Herrscher nicht mehr machtlos ausgeliefert, sondern er hat eine Möglichkeit sich durch Spott zur Wehr zu setzen. Wenn man diese Entwicklung bis zum Ende weiterdenkt, so könnte man als Lehre herauslesen, dass die Mächtigen mit einer Einschränkung ihrer Macht rechnen müssen. Dies ist in der Französischen Revolution von 1789 dann auch geschehen. Allerdings lässt die Interpretation der Reaktion des Wolfes auch den Schluss zu, dass die Mächtigen das aufbegehrende Volk zunächst ein-

mal „an der langen Leine" laufen lassen, um bei geeigneter Gelegenheit die alte Machtposition wieder zu stabilisieren.

III. zusammenfassender Vergleich

1. Gemeinsamkeiten
Beim abschließenden Vergleich beider Fabeln stellen wir fest, dass die wesentlichen Gemeinsamkeiten die Figuren, den Handlungsort und teilweise auch die Lehre betreffen.

2. Unterschiede
Die Unterschiede sind gravierender: Lessings Bild des Untertanen ist nicht mehr von dem naiv an Gerechtigkeit glaubenden Menschen bestimmt. Sein Schaf steht für einen aufgeklärten und die Gunst der Stunde nutzenden Menschen. Lessing hat seine Fabel gewissermaßen als Antwort auf die alte Luther-Fabel verfasst, um die Veränderung, die durch die Aufklärung entstanden ist, deutlich zu machen. Der Mensch ist jetzt wehrhaft geworden, auch wenn er sich zunächst nur des Spottes bedienen kann, um Widerstand zu leisten. War Luthers Fabel eher ein Appell an die Mächtigen, so lässt sich Lessings Fabel als Versuch lesen, den Untertanen zu ermutigen. Spott allein jedoch kann die Position der Mächtigen nicht ernsthaft erschüttern; der Hinweis auf die „Geduld" der Mächtigen in Lessings Fabel legt dies nahe. Ob Lessing schon die Zeit vorausgeahnt hat, in der die Untertanen sich nicht mehr nur mit Spott begnügten, sondern tatkräftig eine Veränderung des politischen Systems in Angriff nahmen, wie es in der Französischen Revolution geschehen ist, lässt sich natürlich nicht beantworten. Die Lehre seiner Fabel könnte einen solchen Aufruf enthalten.

C. Schluss
Fabeln sind in Zeiten, in denen freie Meinungsäußerung nicht möglich ist, die literarische Form Kritik zu üben. Luther und Lessing machen mit ihren Fabeln von dieser Möglichkeit Gebrauch. Ihre Lehre beschränkt sich aber nicht nur auf die jeweilige Epoche, in der sie entstanden sind. Gerechtigkeitssinn und Zivilcourage sind, wenn man einmal die Aussagen beider Fabeln zusammennimmt, Eigenschaften, die auch in unserer heutigen Zeit von großer Bedeutung sind. Dass die Arroganz von Mächtigen, wie sie Lessing in seiner Fabel vorführt, auch zu Machtverlust führen kann, hat sich z. B. in der friedlichen Revolution des Jahres 1989 in der damaligen DDR gezeigt.

10. Aufsatz nochmals durchlesen, auf Rechtschreibung, Zeichensetzung und gute Verständlichkeit des Ausdrucks achten.

2.5 Übungen

Übung

Übung 13 *Interpretieren und vergleichen Sie beide Gedichte! Achten Sie dabei besonders auf die sprachliche und formale Gestaltung des Themas!*
▶ *Lösung Seite 152*

Info

> Andreas Gryphius, geboren 1616 in Glogau/Schlesien, gestorben 1664 in Glogau/Schlesien. Hauslehrer, einer der wichtigsten Dichter des Barock
> Dramen und Gedichte, z. B. *Horribilicribifax* (1663)

Lesetext

Andreas Gryphius (1616–1664)
Schluss des 1648sten Jahres

Zeuch hin, betrübtes Jahr! Zeuch hin mit meinen Schmerzen!
Zeuch hin mit meiner Angst und überhäuftem Weh!
Zeuch so viel Leichen nach! Bedrängte Zeit, vergeh
Und führe mit dir weg die Last von diesem Herzen!

Herr! vor dem unser Jahr als ein Geschwätz und Scherzen,
Fällt meine Zeit nicht hin wie ein verschmelzter Schnee?
Lass doch, weil mir die Sonn gleich in der Mittagshöh,
Mich noch nicht untergehn gleich ausgebrannten Kerzen!

Herr, es ist genug geschlagen,
Angst und Ach genug getragen,
Gib doch nun etwas Frist, dass ich mich recht bedenke!

Gib, dass ich der Handvoll Jahre
Froh werd eins vor meiner Bahre!
Missgönne mir doch nicht dein liebliches Geschenke!

(Aus: Deutsche Gedichte. Ausgewählt und eingeleitet von Karl Krolow. Bd. 1. 5. Auflage. Frankfurt am Main 1982, S. 81)

Info

Rolf Haufs, geboren 1935 in Düsseldorf, kaufmännische Lehre, Redakteur Gedichte, z. B. *Sonntage in Moabit* (1964)

Lesetext

Rolf Haufs
***Jeden Tag* (1986)**

Fällt hin der Mann. Steht auf
Kriegt Fresse voll. Ein Fotograf macht Geld
Mit seinem Blut. Bescheid weiß man
In vieler Welt: weit weg das Sterben
Hier der Duft Jasmin. Die Juniorgel
Wiegt in Schlaf die Neugeborenen
Lass. Lass. Es müsste sonst
Etwas geschehen.

(Aus: Felderland. Gedichte. München, Wien 1986)

Übung

Übung 14 *Interpretieren und vergleichen Sie beide Gedichte! Arbeiten Sie besonders heraus, wie das Thema „Liebe" sprachlich und formal gestaltet wird!*
▶ *Lösung Seite 153, Info zu Goethe Seite 71*

Lesetext

Johann Wolfgang Goethe (1749–1832):
***Willkommen und Abschied* (1771)**

Es schlug mein Herz, geschwind zu Pferde!
Es war getan fast eh gedacht.
Der Abend wiegte schon die Erde,
Und an den Bergen hing die Nacht;
Schon stand im Nebelkleid die Eiche,
Ein aufgetürmter Riese, da,
Wo Finsternis aus dem Gesträuche
Mit hundert schwarzen Augen sah.

Der Mond von einem Wolkenhügel
sah kläglich aus dem Duft hervor,
Die Winde schwangen leise Flügel,
Umsausten schauerlich mein Ohr;
Die Nacht schuf tausend Ungeheuer,
Doch frisch und fröhlich war mein Mut:
In meinen Adern welches Feuer!
In meinem Herzen welche Glut!

Dich sah ich, und die milde Freude
Floss von dem süßen Blick auf mich;
Ganz war mein Herz an deiner Seite
Und jeder Atemzug für dich.
Ein rosenfarbnes Frühlingswetter
Umgab das liebliche Gesicht,
Und Zärtlichkeit für mich – ihr Götter!
Ich hofft es, ich verdient es nicht!

Doch ach, schon mit der Morgensonne
Verengt der Abschied mir das Herz:
In deinen Küssen welche Wonne!
In deinem Auge welcher Schmerz!
Ich ging, du standst und sahst zur Erden
Und sahst mir nach mit nassem Blick:
Und doch, welch Glück, geliebt zu werden!
Und lieben, Götter, welch ein Glück!

(Aus: Gedichte. Herausgegeben von Paul Stapf. Wiesbaden o. J., S. 76)

Info

Ulla Hahn, geboren 1946 in Brachthausen, Studium der Literaturwissenschaft, Geschichte und Soziologie
Gedichte, z. B. *Freudenfeuer* (1985)

Lesetext

Ulla Hahn (1946)
***Mit Haut und Haar* (1981)**

Ich zog dich aus der Senke deiner Jahre
und tauchte dich in meinen Sommer ein
ich leckte dir die Hand und Haut und Haare
und schwor dir ewig mein und dein zu sein.

Du wendetest mich um. Du branntest mir dein Zeichen
mit sanftem Feuer in das dünne Fell.
Da ließ ich von mir ab. Und schnell
begann ich vor mir selbst zurückzuweichen

und meinem Schwur. Anfangs blieb noch Erinnern
ein schöner Überrest der nach mir rief.
Da aber war ich schon in deinem Innern
vor mir verborgen. Du verbargst mich tief.

Bis ich ganz in dir aufgegangen war:
da spucktest du mich aus mit Haut und Haar.

(Aus: Herz über Kopf. Gedichte. Stuttgart 1981)

***Übung 15** Interpretieren Sie beide Geschichten! Arbeiten Sie dabei insbesondere heraus, wie das Thema sprachlich und formal gestaltet wird!*
▶ *Lösung Seite 155*

Otto Flake, geboren 1880 in Metz, gestorben 1963 in Baden-Baden, Studium der Germanistik, Philosophie und Kunstgeschichte
Romane und Erzählungen, z. B. *Fortunat* (1947), *Die Sandhur* (1950)

Otto Flake (1880–1963)
Der Brief (1961)

Das Dach über der Mansarde ließ Wasser durch. Die Mansarde war die Abstellkammer; im Lauf der Jahre hatte man alles, was im Wege stand, in ihr untergebracht. Die Haushälterin erklärte Millner, die Gelegenheit müsse benutzt werden, um da oben aufzuräumen und Ordnung zu schaffen. Er hörte die energische Frau zwei Tage lang über seinem Studio rumoren.

Zuletzt stand auf dem Sofa eine Reihe von Kartons.

„Es scheinen quittierte Rechnungen zu sein", sagte sie, „aber selbst wenn sie nicht quittiert wären, könnte man dieses alte Zeug verbrennen – ich habe in der Zeitung gelesen, dass alle Forderungen nach fünf Jahren hinfällig werden."

„Ich war immer ein punktlicher Zahler", erwiderte er amüsiert; sie verließ ihn, und um es hinter sich gebracht zu haben, begann er sofort mit der Sichtung.

Es waren Bankauszüge aus den dreißiger Jahren, Steuererklärungen und Steuerbescheide aus derselben Zeit. Ein Bündel bestand aus den Lieferungsscheinen der Firmen, die seine Wohnung eingerichtet hatten; ein anderes aus Postscheckabschnitten. Die Vergangenheit, unter dem Gesichtspunkt von Zahlungen, breitete sich da aus.

Die Haushälterin hatte Recht – das alles war nur noch Makulatur, die Lebensversicherungsprämien, die Krankenkassenraten, die Nachnahmen für den Honig von 1933 und den Kaffee aus Hamburg, die Hotelbelege von ehedem und die Schneiderrechnungen seiner Frau, die ihn verlassen hatte und verschollen war.

Da man sich im Sommer befand, konnte er diesen Wust nicht in die Zentralheizung stecken; er trug ihn in den Garten hinaus. Unter der Tanne war eine Stelle, wo nichts wuchs. Hier schüttete er die Papiere aus und steckte sie an. Das vergilbte Zeug war wie Zunder; die Flammen hatten in der Helle des Tages keine Kontur, sie gingen in die zitternde Luft über. Mit einem Ast lockerte er, und sein Blick fiel auf etwas, das ein Brief zu sein schien. Verwundert sah er die ungestempelte Marke, bückte sich und starrte auf die Anschrift. Sie stammte von seiner Hand und lautete: Frau Lisbet Millner, zur Zeit Partenkirchen, postlagernd. Was war das? Er hatte damals, es musste 1935 gewesen sein, Lis unter dieser Adresse geschrieben und keine Antwort erhalten. Und dieser Brief hier, der offenbar nicht abgeschickt worden war, wie ordnete er sich ein, was hatte es mit ihm auf sich? Er ging ins Zimmer zurück, setzte sich an den Schreibtisch und schnitt den Brief auf. Da stand das Datum, von vor zwanzig Jahren, erster Juli 1935, und da stand, dass er, von ihrem Brief aus Partenkirchen erschüttert, nach reichlicher Überlegung bereit sei, sie wieder aufzunehmen, zu vergessen und einen neuen Abschnitt mit ihr zu beginnen unter der Bedingung, dass sie vorerst nur als zwei Hausgenossen miteinander verkehrten.

Kein Zweifel, das hier war der Brief – nicht eine Abschrift, sondern der Text selbst, denn eine Kopie steckt man nicht in einen Umschlag mit Freimarke, und wenn auch nach zwanzig Jahren auf das Gedächtnis kein voller Verlass sein mochte, das eine wusste er: In jenem Jahr hatte Lisbet ihn im Januar verlassen, im Juni den Versuch zur Versöhnung gemacht und er einen einzigen Brief an sie geschrieben, ebendiesen. Und nun stellte sich heraus, dass der Brief nicht an sie abgegangen war, er aber geglaubt hatte, es sei geschehen. Irrtümer dieser Art ereigneten sich leicht. Man trug mehrere Briefe zur Post und merkte nicht, dass einer fehlte, der unter die Papiere geraten war. Er erinnerte sich an den Juli 1935 gut. Ein heißer Monat, die Unruhe trieb ihn in den Wald. Warum schrieb sie nicht, obwohl er sich gegen seine Überzeugung überwunden hatte. Dann die Überlegung: Sie glaubt wie du nicht recht daran, dass eine zerbrochene Ehe geflickt werden kann, oder sie hat sich mit ihrem Geliebten ausgesöhnt. Die Zeit verfloss, der Krieg kam, drei Jahre nach seinem Ende beantragte er die Todeserklärung, sie ging durch.

Er kehrte in den Garten zurück, um nach dem Feuer zu sehen. Die Asche glühte noch. Er zögerte, dann legte er den Brief darauf. Die Marke krümmte sich, der Umschlag verkohlte, die Worte Lisbet Millner und Partenkirchen traten ein letztes Mal hervor.

Der Ast zerstreute die Reste. Öffnet man ein Grab nach zwanzig Jahren, so enthält es nur noch Moder. Ihn fröstelte trotz des Sommers. Er ging ins Haus zurück.

(Aus: Finnische Nächte. Die Erzählungen. Gütersloh 1966, S. 620–621)

Peter Bichsel, geboren 1935 in Luzern, Ausbildung zum Primarlehrer
Erzählungen, z. B. *Kindergeschichten* (1974)

Info

Lesetext

Peter Bichsel (geboren 1935)
***Vom Meer* (1964)**

Dann wäre noch zu sagen, dass es mir hier sehr gut gefällt, ich lege auch eine Ansichtskarte bei, dort wo das Kreuz steht, wohne ich, im ersten Stock, das Fenster mit den geschlossenen Läden. Hier ist es schon sehr heiß, gestern stieg das Thermometer über 30 Grad. Gut, dass immer ein leichter Wind vom Meer herweht.
Ein Brief, geschrieben am 19. Mai, irgendwo steckengeblieben und hier am 25. eingetroffen, fremde Briefmarke, verwischter Stempel und auch ein Geruch: Geruch, wie ihn Briefe haben. Noch im Treppenhaus reißt sie ihn auf, blättert ihn durch, bleibt vor der Wohnungstür stehen, liest den Satz fertig, greift blind nach der Türfalle. Jetzt ist der Umschlag zerrissen, der Absender unleserlich, Via Alberti, vielleicht.
Vielleicht ist das Meer im Frühling nicht so lächerlich. Gut, dass immer ein leichter Wind vom Meer herweht. Der 19. war ein Sonntag, dolce far niente, Brief geschrieben, am Montag auf die Post gebracht, gut, dass immer ein leichter Wind vom Meer her weht. „Gut" und einige Sätze über Palmen, Pizzas und Venedig. Und unter der Adresse steht „Svizzera" in großen Buchstaben, zweimal unterstrichen. Wer sammelt Briefmarken?
Sie faltet den Brief, faltet ihn noch einmal, faltet ihn zu einem kleinen Paket, öffnet ihn, streicht ihn glatt und denkt nach. Heute hat es geregnet, sie versucht den Brief wegzulegen, versucht, sich Italien vorzustellen – Espresso mit einem Glas Wasser, Acqua, Campari und ein Tellerchen mit Oliven, zündet sich dann endlich eine Zigarette an, faltet den Brief wieder.
Und er schreibt „gut", gut, dass immer ein leichter Wind vom Meer herweht. Er ist in seinem Zimmer, ein Sonntag irgendwo am Meer, Mittelmeer, Via Alberti sehr wahrscheinlich, schreibt diesen Brief, der heute am 25. angekommen ist, den der Postbote mit den Zeitungen, den Drucksachen, den Rechnungen in den Briefkasten gesteckt hat, diesen Brief, der nicht verloren gegangen ist, der eine vollständige Adresse trägt, der einen Empfänger gefunden hat, einen Brief vom Meer.
Er schreibt, was man vom Meer schreibt und dass es blau sei, und er schreibt „herzliche Grüße" wie man „herzliche Grüße" schreibt, und er entschuldigt seine Schrift, entschuldigt sein langes Schweigen und schreibt, dass es gut sei, dass immer ein leichter Wind vom Meer herwehe.
Dann, später einmal, wirft der Postbote einen Brief in den Kasten, und unter der Adresse steht „Svizzera", und es ist seine Schrift, und es ist angenehm am Meer, es gefällt ihm gut.

(Aus: Eigentlich möchte Frau Blum den Milchmann kennen lernen. 21 Geschichten. Olten und Freiburg 1964, S. 44–46)

Lösungen zu 1. Die Textinterpretation

▶ *Lösung 1*

Vorschlag für den ausgearbeiteten Interpretationsaufsatz

A. Einleitung

Bei der vorliegenden Erzählung *Wolf und Lämmlein* des Reformators Martin Luther handelt es sich um eine Fabel. Ihr Thema ist die Begegnung zwischen einem Wolf und einem Schaf.

B. Hauptteil

I. Inhalt/Aussage

Wolf und Lamm begegnen sich an einem Bach. Der Wolf wirft dem Lamm vor, es trübe das Wasser des Flusses, aus dem sie trinken. Das Lamm entgegnet darauf, dass dies doch gar nicht möglich sei, da der Wolf oberhalb trinke. In der gleichen Weise formuliert der Wolf zwei weitere Vorwürfe: das Lamm bzw. sein Vater habe ihn beleidigt, außerdem würde es ihm Äcker und Wiesen unbrauchbar machen. Die Unsinnigkeit dieser drei Beschuldigungen macht ihm das Lamm jeweils deutlich. Am Ende der Geschichte wird das Lamm vom Wolf gefressen. Der Erzähler formuliert als Lehre, dass der Mächtige bestimme, was Recht ist.

II. Charakterisierung

Wenn wir die Hauptfiguren in ihrem Verhältnis zueinander charakterisieren, so stellt sich das Lamm als eine Figur dar, die mit Mut und dem Glauben an die Überzeugungskraft rationaler Argumente die Anschuldigungen des Wolfes widerlegt. Besonders deutlich wird dies in der Entgegnung auf den Vorwurf, es habe die Wiesen abgenagt. Das Lamm pariert die Anschuldigung mit dem Hinweis auf seine fehlenden Zähne: „Wie kann das möglich sein, da ich doch noch keine Zähne habe?"(Z. 11 f.).

Der Glaube an die Kraft der Argumente kennzeichnet aber auch die Unerfahrenheit des jungen Schafes: Es verkennt die lebensgefährliche Lage, in der es seit der Anwesenheit des Wolfes ist. Seine Unerfahrenheit bewirkt zusammen mit dem Wahrheits- und Gerechtigkeitssinn und dem Glauben, dass die allgemeine Logik auch den Mächtigen gilt, seinen Untergang.

Der Wolf stellt sich als hungriges, machtbewusstes Tier dar, er hat wohl von Beginn an die Intention das Lamm zu töten und er sucht zunächst diesen Mord durch Argumente zu legitimieren. Im Disput unterliegt er, seine Argumente sind nicht durchdacht. Das, was ihm intellektuell fehlt, macht er durch seine physische Überlegenheit wett: Sein Recht des Stärkeren verschafft er sich selbst im Vertrauen auf seine Kraft.

III. Schlüsselbegriffe/ Realitätsbezug

Die Schlüsselbegriffe dieser Fabel, die die Verbindung zwischen Bild- und Sachhälfte herstellen, liegen auf der Hand: „Wolf" und „Lamm" tragen menschliche Eigenschaften. Der Wolf steht auf der Sachhälfte allgemein für Mächtige, die selbst definieren, was Recht und Gerechtigkeit ist. Das Lamm steht allgemein für Unterdrückte, die unter Mächtigen zu leiden haben. Luther lässt seinen auktorialen Erzähler auch mit dem resignierenden Satz „So ist der Lauf der Welt" (Z. 15) kommentierend zu Wort kommen. Der Erzähler ist offensichtlich parteiisch und kritisiert den Mächtigen, der das „unschuldige" (Z. 14) Opfer einfach umbringt.

Der politische Hintergrund der Fabel ist die Ständegesellschaft des 16. Jahrhunderts, in der die Rechte des Untertanen nicht durch Verbände, Parteien oder Gewerkschaften vertreten wurden und in der der politisch Schwache dem Mutwillen des Mächtigen unterworfen war. Luthers Fabel betont das Ausgeliefertsein des Untertanen und die Ungerechtigkeit der Mächtigen; ihre Lehre macht nachdenklich, sie dürfte aber für die Menschen im 16. Jahrhundert keine neue Erkenntnis dargestellt haben.

C. Schluss / IV. Aktualitätsbezug

Fabeln sind in Zeiten, in denen freie Meinungsäußerung nicht möglich ist, die literarische Form Kritik zu üben. Luther macht mit seiner Fabel von dieser Möglichkeit Gebrauch. Ihre Lehre beschränkt sich aber nicht nur auf die jeweilige Epoche, in der sie entstanden ist, sondern sie lässt sich auch an zahlreichen Beispielen aus dem täglichen Leben belegen. Dass die Arroganz von Mächtigen, wie sie Luther in seiner Fabel vorführt, auch zu Machtverlust führen kann, hat sich z. B. in der friedlichen Revolution des Jahres 1989 in der damaligen DDR gezeigt.

▶ ***Lösung 2***

Vorschlag für die Ausarbeitung (stichwortartig)

A. Einleitung

Die kurze Parabel *Der Aufbruch* von Franz Kafka, die im Jahre 1936 veröffentlicht wurde, handelt vom Abschiednehmen. Sie besteht zum größten Teil aus dem Dialog zwischen einem Diener und seinem sich gerade für eine Reise rüstenden Herrn.

B. Hauptteil

I. Inhalt/Aussage

Gespräch zwischen Diener und Herrn: Diener hört weder den Befehl, Pferd aus dem Stall zu holen, noch die Trompete. Antwort auf zweimalige Frage nach Reiseziel: „Weg-von-hier" (Z. 5). Herr reist ohne Proviant, da er auf seiner Reise versorgt werden muss.

Vermutung: Kafkas Parabel dreht sich um Entwicklung in einem menschlichen Leben; jeder Mensch kann Veränderung nur individuell erleben, keine Hilfe möglich.

II. Charakterisierung/Verhältnis der Personen

teilweise misslungene Kommunikation: Diener versteht Ich-Erzähler nicht und hört auch Trompete nicht, auf konkrete Fragen bekommt Diener unkonkret bzw. unlogisch erscheinende Antworten (vgl. Z. 5 f.). Zweifelhaft ist, ob er mit der Antwort in Z. 5 f. überhaupt etwas anfangen kann.
Ich-Erzähler hört Signal der Trompete und ist zum Aufbruch entschlossen; was ihn auf Reise in Bezug auf seinen Essensvorrat erwartet, weiß er, er kalkuliert beim Scheitern sogar den Tod mit ein.

II. Schlüsselbegriffe

„Trompete" (Z. 3): Signal zum Aufbruch; könnte auf der Sachhälfte für den nur von jedem Einzelnen (nur der Ich-Erzähler hört das Signal) wahrnehmbaren Zwang oder Wunsch zur Veränderung, zur Weiterentwicklung stehen.
„Weg-von-hier" (Z. 7): Ziel der Reise ist das Unterwegs-Sein selbst, Leben als permanente Reise.
„Essvorrat" (Z. 8): weder andere Menschen (z. B. der Diener auf der Bildhälfte) noch irgendetwas aus seinem alten Leben („Essvorrat") können ihm auf seiner Reise behilflich sein; es geht also um einen radikalen Bruch mit dem alten Leben.
„Zum Glück" (Z. 10): als Modaladverbiale im Sinne von „glücklicherweise", als Objekt würde das Ziel der Reise das „Glück" sein; beide Interpretationen möglich und sinnvoll; Bildhälfte somit nicht vollständig ausdeutbar, Offenheit als hervorragende Qualität der Parabel.

C. Schluss / IV. Realitäts- und Aktualitätsbezug

Der Aufbruch als Parabel des menschlichen Lebens, „Unterwegs-Sein" als Lebenssinn. „Sinn" kommt vom ahd. Wort für „Weg", hier auch Bewegung enthalten. Ständiges Fortgehen als ständige Veränderung, Stillstand wäre das Lebensende.

► *Lösung 3*

Vorschlag für die Ausarbeitung (stichwortartig)

A. Einleitung

Das vorliegende Prosastück *Der Anstreicher*, das, 1957 entstanden, zu den frühen Werken des österreichischen Dichters Thomas Bernhard gehört, thematisiert die Sinnfrage am Beispiel eines Anstreichers, der tödlich verunglückt.

B. Hauptteil

I. Inhalt/Aussage
Inhalt: Anstreicher blickt vom Gerüst auf Passanten hinunter; Gefühl der Sinnlosigkeit seiner Tätigkeit und seines Lebens überkommt ihn. Tätigkeit passe zu einem Jugendlichen, nicht aber zu einem Erwachsenen. Andere Anstreicher beachten ihn nicht.
Während des Nachdenkens über Sinnlosigkeit stürzt er vom Gerüst; unten angekommen, wird er von der Fassadenfarbe übergossen. Passanten reagieren mit Entsetzen und Neugierde.
Aussage: Sinnfindung als existentielles Problem des Menschen.

II. Sprachliche Gestaltung
Erzählperspektive: personal (Anstreicher) und auktorial (nach Sturz des Anstreichers).
Erzählbewegung: Anstreicher klettert auf Gerüst (erhöhte Position, um Leben zu überblicken), Sturz als Lebensende/Scheitern der Sinnfindung.
Wortwiederholungen: „lächerlich" insgesamt sechsmal, Steigerung: „entsetzlich lächerlich" (Z. 14), Hinweis auf Sinnlosigkeit; Lächerlichkeit durch würdelosen Tod gesteigert (Anstreicher wird mit gelber Fassadenfarbe übergossen).
Erzählerkommentar: „natürlich" (Z. 19), es geht nicht um die Person des Anstreichers, sondern um die Sensation des Sturzes.
Erzählhaltung: unspektakulär, teilnahmslos, lakonisch; Leser wird auf tragisches Ende nicht vorbereitet.

III. Realitäts- und Aktualitätsbezug
Situation des Anstreichers parabelhaft zu verstehen: Situation, in der in einem Menschen die Sinnfrage aufbricht.
Gleichgültigkeit der Mitmenschen: Anstreicher wird von Kollegen nicht beachtet, Passanten interessieren sich nur für Sturz, teilnahmslose Sprache des Erzählers.
Bernhard gelingt Kunstgriff, menschliche Gleichgültigkeit durch sprachliche Teilnahmslosigkeit zu vermitteln.

C. Schluss
Bernhard provoziert Leser mit diesem parabelhaften Prosastück und der auffallend lakonischen Erzählweise; in späteren Stücken Provokation durch ausgesprochene Schimpftiraden.

▶ *Lösung 4*

Vorschlag für die Ausarbeitung (stichwortartig)

A. Einleitung

Das Kartenspiel von Peter Bichsel entstammt der Sammlung „Eigentlich möchte Frau Blum den Milchmann kennen lernen“, die, 1964 erschienen, den Ruhm des Schweizer Autors begründet hat und deren Kurzgeschichten sich in zahlreichen Lesebüchern finden lassen. Wie in den anderen Prosastücken des Bändchens geht es auch in der vorliegenden Geschichte nicht so sehr um die Beschreibung von Geschehenem, sondern vielmehr um die Darstellung von alltäglichen Situationen.

B. Hauptteil

I. Inhalt und Aussage

Inhalt: Herr Kurt verbringt täglich die Zeit zwischen 17 und 19 Uhr in einem Wirtshaus, indem er Kartenspielern zusieht. Es findet keine Unterhaltung zwischen ihm und den Anwesenden statt; aber: innerliche Beteiligung Herrn Kurts am Kartenspiel sichtbar; man weiß nichts über ihn, obgleich er schon seit Jahren kommt; erst nach seinem Tod wird man Näheres über ihn erfahren.
Aussage: Zustand der Gewöhnung, der Alltäglichkeit, die nicht hinterfragt werden; Gleichgültigkeit gegenüber Mitmenschen.

II. Sprachliche Gestaltung

kurze Sätze, meist parataktisch, lakonische, berichtende Sprache: Einförmigkeit der Sprache unterstützt Darstellung der Alltäglichkeit und der Gewöhnung, auch der Gleichgültigkeit.
Erzählperspektive: nähert sich auktorialer Erzählweise, immer aus der Sicht der anderen Leute; auch Erzähler kennt Herrn Kurt nicht (Z. 30: „wahrscheinlich“).
Erzählkommentar: „Aber das ist nicht wahr (...)“ (Z. 34); niemand wird Herrn Kurt vermissen.

III. Interpretation des letzten Satzes

Ausdruck der Gleichgültigkeit und der Leere gesellschaftlicher Floskeln.
„Spiel“ (Z. 30) steht also für „Leben in der Gesellschaft“, das, wie ein Kartenspiel auch, bestimmte Regeln hat; als Außenseiter nimmt Herr Kurt am Leben der anderen teil, ohne selbst etwas von seinem Leben preiszugeben.

C. Schluss / IV. Realitäts- und Aktualitätsbezug

Bichsel will sensibilisieren für Menschen, die als Außenseiter leben, an deren Präsenz man sich gewöhnt hat, ohne jemals eine persönliche Beziehung aufgebaut zu haben.

Kurzgeschichte als Parabel über Beziehungslosigkeit und Gleichgültigkeit zu lesen, zahlreiche aktuelle Bezüge.
Evtl. Hinweis auf ähnliche Geschichten Bichsels.

▶ *Lösung 5*

Vorschlag für die Ausarbeitung (stichwortartig)

A. Einleitung

Heinrich Manns Roman *Der Untertan*, erschienen 1918, gilt als satirische Darstellung der Untertanenmentalität und als literarische Kritik an der Zeit des Wilhelminismus.

B. Hauptteil

I. Inhalt/Kontext

Kontext:
- Ende des ersten Kapitels mit Sozialisationsinstanzen: Eltern, Schule, Universität, Neuteutonia, Militär
- Höhepunkt: Begegnung mit dem Kaiser als zentralem Bezugspunkt Heßlings

Inhalt:
- Auseinandersetzung, verbal und handgreiflich, mit dem politischen Gegner
- Gespräch mit Kriegsveteran, der Tat Heßlings lobt
- Presse nimmt Heßlings Stellungnahme auf.
- Begeisterung Heßlings für den Kaiser, Begegnung Kaiser – Heßling

II. Sprachliche Gestaltung
- Ironie in Darstellung des kaiserlichen Auftritts, z. B. durch Wahl der Attribute im ersten Absatz
- Anspielung auf Feigheit Diederichs (schmächtige Statur des Gegners, allgemeine Unterstützung)
- personale Erzählperspektive: eindringliche Beschreibung der Begeisterung, Darstellung der Untertanenmentalität („Hurra […] Liebe!")
- Kontrast: Kaiser zu Pferd, Heßling im Tümpel: Darstellung der Machtverhältnisse

III. Kennzeichen der Untertanenmentalität
- Heßling als Untertan: gehorcht Kaiser willenlos, gebietet absolut über Familie und Arbeiter seines Betriebes („Radfahrerprinzip")
- Heßling geht gegen politischen Gegner vor, der ohne öffentlichen Rückhalt ist (Feigheit).
- gesellschaftliche Organisation, Verlust der Individualität („Jeder Einzelne ein Nichts […] zerschmettert")

C. Schluss

Kritik Manns an Untertanenmentalität als Vorausschau auf „3. Reich"; vgl. Interpretation in Staudtes Verfilmung.

▶ *Lösung 6*

Vorschlag für die Ausarbeitung (stichwortartig)

A. Einleitung

Gerhart Hauptmann erzählt in seiner novellistischen Studie *Bahnwärter Thiel*, die 1887 erschienen ist, die Geschichte von der Auslöschung einer Bahnwärtersfamilie. Thiel, Täter und Opfer in einer Person, wird nach seiner Tat in eine psychiatrische Klinik eingewiesen. In der vorliegenden Textstelle, der so genannten „Blutregenepisode", lässt sich der fortgeschrittene psychische Verfall Thiels bereits gut beobachten.

B. Hauptteil

I. Kontext/Inhalt

Kontext:
- Verlust von Minna, Eheschließung mit Lene
- Misshandlung des kleinen Tobias durch Lene
- Bearbeitung des neuen Ackers, Minna-Traum
- nach Textauszug: Erzählung auf Tobias konzentriert, Unfall und Tod des kleinen Tobias

Inhalt:
- Thiel will Barriere schließen.
- Erzählung des Minna-Traums: Sie läuft auf dem Bahngleis und hält den toten Körper im Arm.
- Ankunft und Vorüberfahrt des Zuges, Vorstellung eines „Blutregens"

II. Sprachliche Gestaltung
- Vorgänge in der Natur spiegeln innere Vorgänge wider.
- Farbsymbolik: Rot als Farbe des Blutes, Vorausdeutung auf Unglück

III. Bedeutung für gesamte Novelle
- Vorausdeutung auf das Unglück
- innere Bindung Thiels an Minna und Tobias
- Verweis auf Schwierigkeit Thiels, Traum und Wirklichkeit zu unterscheiden
- labile psychische Lage, die am Ende in Ermordung Lenes und ihres Kindes gipfelt, bereits sichtbar.

C. Schluss

Wahnsinn als Thema in Tradition von Büchners *Lenz*; im 20. Jahrhundert auch Thema von Filmen, z. B. *Mr. Jones*.

► *Lösung 7*

Zitat und Belegstelle	Sprachliches Mittel	Bezug zu Intention und Wirkung
„Herz" (V. 1)	Symbol	steht für Ort des intensiven Gefühls und der Liebe
„Es schlug mein Herz, geschwind zu Pferde! / Es war getan fast eh gedacht" (V. 1 f.)	Parallelismus	Ausdruck der Eile
„Der Abend wiegte schon die Erde" (V. 3)	Personifizierung	Vertrauen erweckende Assoziation (Kleinkind in der Wiege)
„Schon stand im Nebelkleid die Eiche" (V. 5)	Personifizierung	eindringliche Beschreibung
„ein aufgetürmter Riese" (V. 6)	Vergleich	Erregung von Furcht durch Größenvergleich
„Wo Finsternis aus dem Gesträuche / Mit hundert schwarzen Augen sah" (V. 7 f.)	Personifizierung	Finsternis als lebendiges Individuum, das Furcht erregt
„hundert schwarze( ) Augen" (V. 8)	Hyperbel	Vielzahl der Augen zur Steigerung des Furcht erweckenden Eindrucks
„Der Mond von einem Wolkenhügel / sah kläglich aus dem Duft hervor" (V. 9 f.)	Personifizierung, Assonanz Attribut „kläglich"	bildhafte Ausdrucksweise in Verbindung mit „o"-Assonanz zur Veranschaulichung der Furcht einflößenden Situation
„Die Nacht schuf tausend Ungeheuer, / Doch frisch und fröhlich war mein Mut:" (V. 13 f.)	Kontrast „f"-Alliteration	Ausdruck der mutigen Entschlossenheit des lyrischen Ich

Zitat und Belegstelle	Sprachliches Mittel	Bezug zu Intention und Wirkung
„In meinen Adern welches Feuer! / In meinem Herzen welche Glut!" (V. 15 f.)	Anaphern Ausrufesätze Parallelismen	s. oben
„Dich sah ich, und die milde Freude / Floss von dem süßen Blick auf mich" (V. 17 f.)	„i"-Assonanz Inversion Enjambement Attribute	Ausdruck der Freude durch hohen Vokal und positive Attribute, Betonung des „dich" durch Inversion, fließende Bewegung durch Zeilensprung
„Ein rosenfarbnes Frühlingswetter / Umgab das liebliche Gesicht" (V. 21 f.)	Metapher Enjambement Attribute	s. oben
„Doch ach, schon mit der Morgensonne / Verengt der Abschied mir das Herz" (V. 25 f.)	Enjambement Metapher	Bewegung des Sonnenaufgangs und der Verengung des Herzens, Herz als bildhafter Ort des Gefühls, der Liebe
„In deinen Küssen welche Wonne! / In deinem Auge welcher Schmerz!" (V. 27 f.)	Ellipsen Ausrufesätze	Erregung des Abschiednehmens
„Und sahst mir nach mit nassem Blick" (V. 30)	Metapher	Tränen
„Und doch, welch Glück, geliebt zu werden! / Und lieben, Götter, welch ein Glück!" (V. 31 f.)	Ausrufesätze ähnelt Chiasmus	Lobpreis der Liebe als Fazit

► *Lösung 8*

Vorschlag für den ausgearbeiteten Interpretationsaufsatz

A. Einleitung

Das Sonett *An sich Selbst* von Andreas Gryphius widmet sich dem Thema der Vergänglichkeit des Körpers. Das Gedicht hinterlässt nach dem ersten Lesen zunächst ein beklemmendes Gefühl, das bewirkt, dass man als Leser über die eigene Vergänglichkeit nachzudenken beginnt. Diese Wirkung hat zum einen sicher etwas mit dem Inhalt des Gedichts, zum anderen aber auch mit der sprachlichen und formalen Gestaltung zu tun. Beiden Gesichtspunkten wollen wir in der nachfolgenden Interpretation nachgehen

B. Hauptteil

I. Inhalt/Aussage

Das lyrische Ich im Sonett *An sich selbst* beschreibt eine Sterbesituation. Unklar bleibt, ob es sich um eine reale oder fiktive Situation handelt. Im ersten Quartett stellt das lyrische Ich seinen todkranken, zitternden Körper dar, der schon lange keinen erholsamen Schlaf mehr gefunden hat. Im zweiten Quartett kommt zu dem physischen Verfall noch der geistige: Das lyrische Ich beschreibt die geistige Verwirrung, wenn es nicht mehr weiß, was es sagt. Seine Seele sehne sich nach Gott, während sein Körper sterben wolle. Das erste Terzett macht deutlich, dass das lyrische Ich keine schmerzfreie Körperhaltung mehr findet und gleichzeitig ans Bett gefesselt ist. Im zweiten Terzett reflektiert das lyrische Ich über den Wert früherer Ideale angesichts des nun drohenden Todes.

Das Sonett lässt sich als eine eindringliche Mahnung lesen den Wert des Strebens nach äußerlichen Idealen zu überdenken. Alles das, wofür der Mensch während seines Lebens viel Energie aufwendet, wird mit dem Tod zunichte gemacht. Aber Gryphius lässt den Leser nicht in Resignation zurück: Die Wendung „(...) die müde Seele ruft / Dem großen Tröster zu (...)" (V. 6 f.) eröffnet eine bleibende Perspektive über den Tod hinaus.

Die sprachliche und formale Gestaltung steht im Dienst dieser dichterischen Intention.

II. sprachliche und formale Gestaltungsmittel

Schon die Wahl des Sonetts als Gedichtform deutet darauf hin, dass der Dichter eine allgemein gültige Lehre formulieren will. Die beiden Quartette beschreiben die Ausgangssituation, im zweiten Terzett wird das Fazit gezogen und in eine rhetorische Frage „Was ist der hohe Ruhm, und Jugend, Ehr und Kunst?" (V. 12), mit darauf folgender Antwort, die durch den Paarreim als zusammengehörig herausgehoben wird, gekleidet. Alle diese Ideale sind im Angesicht des Todes nichts mehr wert; diese Nichtigkeit wird treffend mit dem Hendiadyoin „Rauch und Dunst" (V. 13) ausgedrückt. Der Blick wandert von den Lippen über die Nase hin zu den Augenlidern, diese Bewegung des Aufschauens wird formal durch das Enjambement in den Versen 2–4 unterstützt. Besonderer Nachdruck, hervorgehoben durch die Voranstellung des Prädikats, liegt auf den „(...) nun schon erstorbnen Augenlider(n)" (V. 4), die das Erlöschen des Lebens metaphorisch verdeutlichen.

Seele und Fleisch werden menschliche Eigenschaften zugesprochen (vgl. V. 6 f.). Die Seele als Sitz des Unsterblichen sehnt sich nach der Ruhe bei Gott, das Fleisch als Verkörperung des Vergänglichen will die Ruhe im Grab finden. Von beiden wird gesagt, sie „rufen", und dieser Ruf wird durch den syntaktischen Parallelismus und die Wiederholung des Verbs „rufen" eindringlich verstärkt. Die Ärzte scheinen dem Kranken nicht mehr helfen zu können, ihr Gehen bewirkt die Rückkehr der Schmerzen. Der inhaltliche Gegensatz wird durch Metrik und sprachliche Gestaltung verstärkt: Die Zäsur nach der dritten Hebung fällt mit dem Gehen der Ärzte zusammen, syntaktisch parallel dazu kehren die Schmerzen mit den letzten drei Hebungen des Verses zurück. Einen Eindruck von den Schmerzen, die das lyrische Ich plagen, erhält der Leser auch durch einen weiteren Parallelismus in V. 10: „Das Sitzen ist mein Tod, das Liegen meine Pein."

III. Schlüsselbegriffe/ zentrale Symbole

In diesem Sonett ist vom Tod die Rede. Zu diesem Ergebnis kommt man auch, wenn man sich das Wortfeld für Tod und Sterben betrachtet: „erstorbnen" (V. 4), „Gruft" (V. 7), „Tod" (V. 10), „töten" (V. 14). In jedem Quartett oder Terzett fällt also ein Wort, das auf Tod hinweist. Neben dem Schlüsselwort „Tod" ist auch der Hinweis auf den „Tröster" bedeutsam. Er stellt die einzige Hoffnung für den Sterbenden dar. Wichtige Begriffe sind natürlich auch „Ruhm, und Jugend, Ehr und Kunst?" (V. 12), weil sie die hoch geschätzten Ideale sind, deren Nichtigkeit sich jetzt erweist.

C. Schluss

Dem Leser des 20. Jahrhunderts mutet der metaphysische Trost, den der Barock-Dichter noch kennt, seltsam an. In einer Zeit, in der immer weniger Menschen eine religiöse Bindung haben und in der gleichzeitig eine immer größer werdende Zahl von Erklärungsmustern und Erlösungsangeboten bereit gestellt werden, weigert man sich oft solche „einfachen" Erklärungen anzunehmen. Ob diese Weigerung dem Menschen besser hilft sein Leben angesichts des irgendwann nahenden Todes zu leben, muss wohl jeder Mensch immer wieder aufs Neue für sich selbst entscheiden.

► *Lösung 9*

Vorschlag für die Ausarbeitung (stichwortartig)

A. Einleitung

Gedichte als literarische Gattung, in der Problemgehalt höchst komprimiert dargeboten wird. Auch in *Jeden Tag*, das 1986 von Rolf Haufs veröffentlicht wurde, lässt sich diese Komprimierung beobachten.

B. Hauptteil

I. Inhalt

- Schilderung des Leidens eines Mannes, mit dem Reporter Geld verdient.
- Leid existiert in aller Welt, dort, wo Informationen ankommen, herrscht Friede.
- Neugeborene von „Juniorgel" in Schlaf gewiegt
- Aufforderung Aktionen zu unterlassen, weil Veränderung notwendig

II. Sprachliche Gestaltung

- einfacher, parataktischer Satzbau, zahlreiche Enjambements, umgangssprachliche Ausdrücke, optische Ausrichtung des Gedichts auf letzten Vers „Etwas geschehen" (V. 8)
- Enjambement (V. 1–8): Bewegung des fallenden und aufstehenden Mannes; Informationsfluss; „Juniorgel", die in Schlaf wiegt.
- Imperative (V. 7): deutliche Mahnung Handlung zu unterlassen
- Kontrast „Sterben" (V. 4) / „Jasmin" (V. 5): Verdeutlichung der Diskrepanz von fernem Krieg und hiesiger Freude
- Metaphern (V. 5 f.): Assoziation Orgel/Kirche (Frieden), aber auch „Stalinorgel" (Krieg); „Neugeborene" könnten Menschen sein, die sich im Frühjahr über aufkeimendes Leben in der Natur freuen.

III. Aktuelle Bedeutung

- Kritik an Medien, die am Leiden der Menschen Geld verdienen.
- Kritik an Medienkonsumenten, die Passivität pflegen.
- Aufgabe der Passivität würde dringenden Handlungsbedarf zur Folge haben; Aufforderung „Lass. Lass" daher ironisch-sarkastisch zu verstehen.

C. Schluss

Jeden Tag erfahren wir vom Leiden in den Nachrichten. Aufforderung im Rahmen des Möglichen zu handeln und eigene Gleichgültigkeit zu bekämpfen.

► *Lösung 10*

Vorschlag für die Ausarbeitung (stichwortartig)

A. Einleitung

Wislawa Szymborska, Literaturnobelpreisträgerin des Jahres 1996, thematisiert in ihrem 1972 erschienenen Gedicht *Werbeprospekt* das Phänomen Werbung.

B. Hauptteil

I. Inhalt

- beruhigende Wirkung des lyrischen Ich sowohl im privaten als auch im beruflichen Bereich
- Aufforderung sich dem lyrischen Ich ganz zu überantworten
- Fähigkeit des lyrischen Ich positives Denken zu fördern, Sinnhaftigkeit ohne Transzendenz herzustellen und Ratschläge bzgl. der Mode zu vermitteln
- Aufforderung dem lyrischen Ich ganz zu vertrauen und sich der Bequemlichkeit anzupassen
- Aufforderung heilsame Wirkung des lyrischen Ich anzunehmen und eigene Seele dem lyrischen Ich zu verkaufen.

II. Sprachliche Gestaltung

- optisch gegliederte Prosa, keine Reimworte, einfache Sprache: will unmittelbar, ohne künstliche Verzierung ansprechen und wirken.
- Imperative (z. B. V. 7–10, V. 17, V. 22): verstärken Wirkung der Ansprache durch das lyrische Ich.
- Aufzählungen (V. 2 ff., V. 11 ff.): Bereiche, in denen das lyrische Ich seine Wirkung entfaltet.
- Metaphern: „Abgrund" (V. 22) – Probleme des Einzelnen „vier Pfoten des Fallens" (V. 25) – Angebote des lyrischen Ich, die Fallen erträglich machen.
- Schlüsselworte: „Seele" (V. 26) – Sitz der Persönlichkeit

III. Intention/Realitätsbezug

Menschenbild der Werbung im lyrischen Ich verkörpert, menschliche Bedürfnisse werden angeblich durch Kauf der Produkte befriedigt.

Lyrisches Ich als Werbeprospekt:

- Erfolgsversprechung
- Kauf ermöglicht es, unangenehmen Dingen aus dem Weg zu gehen.
- Kauf als Ausweg aus eigenen Problemen
- Werbung als Seelenverkäufer, Mensch seines Menschseins beraubt
- Mündet in religiöse Qualifizierung von Werbung als „Teufel".

C. Schluss
Gedicht, als Werbeprospekt geschrieben, bezieht sich auf Werbung; schon 1972 aktuelles Problem; Zunahme von Werbung nach Einführung der privaten Fernsehkanäle mit allen einhergehenden Problemen.

▶ *Lösung 11*
Vorschlag für die Ausarbeitung (stichwortartig)

A. Einleitung
Hinweis auf Tradition des Faust-Stoffes vor dem Erscheinen des *Faust* von Goethe im Jahre 1808
Gretchentragödie als literarische Bearbeitung der von Goethe erlebten Verurteilung und Hinrichtung der Kindsmörderin Susanna Margaretha Brandt
Vorliegende Textstelle als Gelenk zwischen Schwangerschaft Gretchens und ihrem Gefängnisaufenthalt

B. Hauptteil

I. Situation
- Faust in ausgelassener Stimmung während Walpurgisnacht, erkennt am Ende Gretchen (vgl. V. 4183 ff.)
- Ernüchterung angesichts der Gefangennahme Gretchens (Wiederaufnahme der Handlung der Gretchentragödie)
- Grund: Erkenntnis ihres Leidens (als Kindsmörderin im Gefängnis)
- Wut auf Mephisto, dem er Verantwortung zuerkennt
- Aufforderung sie zu retten
- Ernüchterung auch durch Szenenanweisung „Trüber Tag" und Prosa

II. Schuldfrage
- Vorwurf Fausts, Mephisto habe ihn durch Walpurgisnacht von Gretchens Not abgelenkt.
- Entgegnung Mephistos, sie sei nicht die Erste, der so etwas passiere.
- Faust beschimpft Mephisto, stellt Weltordnung in Frage (Theodizee-Frage).
- Mephisto weist auf Begrenztheit des menschlichen Verstandes hin.
- Faust fordert ihn auf sie zu retten, Mephisto aber meint, er könne Hinrichtung nicht verhindern.
- Mephisto macht Faust für Schicksal Gretchens verantwortlich.

Fazit: Faust versucht Schuldfrage abzuwälzen auf allgemeine Weltordnung bzw. auf Mephisto. Dieser macht deutlich, dass Fausts Begehren Gretchens Situation begründet hat.

III. Rolle Mephistos

- Mephisto als Wettpartner des Herrn setzt Handlung in Gang.
- Herr sieht Mephisto als Antreiber des Menschen (vgl. V. 340 ff.).
- Mephisto verspricht alle Bedürfnisse Fausts zu befriedigen (vgl. V. 1646 ff.), er bewirkt Verjüngung und hilft entscheidend mit Gretchen zu gewinnen.
- Mephisto als satirischer Betrachter des Universitätsbetriebs
- Mephistos Vorstellung (vgl. V. 1335–1344)

C. Schluss

Fazit: Mephisto treibt Faust an, er stellt Mittel bereit, um Fausts Wunsch, zu erfahren, „was das Leben sei" (V. 1543), zu erfüllen. Auch Mephisto trägt somit eine Mitschuld an Gretchens Schicksal (ganz besonders natürlich beim Tod der Mutter und Valentins).

- Hinweis auf Erlösung Gretchens (vgl. V. 4605 und 4612), Reife Gretchens durch Leiderfahrung; Mephisto entführt Faust und erfüllt ihm im zweiten Teil weiterhin seine Wünsche, evtl. Hinweis auf Erlösung Fausts am Ende des zweiten Teils.
- evtl. Hinweis auf andere Dramen von Kindsmörderinnen, z. B. Hauptmanns *Rose Bernd*

► ***Lösung 12***

Vorschlag für die Ausarbeitung (stichwortartig)

A. Einleitung

In dem 1903 erschienen Drama *Rose Bernd* hat Gerhart Hauptmann das Thema „Kindsmord" gestaltet. Biografischer Bezug ist die Teilnahme des Dichters als Geschworener an einem Kindsmordprozess in Hirschberg. Die vorliegende Textstelle findet sich am Ende des fünfaktigen Dramas.

B. Hauptteil

I. Zusammenfassung und Kontext

Inhalt:

- Gendarm kommt, um mit Rose zu sprechen: Gefahr, dass Meineid ans Tageslicht kommt.
- Rose scheint zu fantasieren.
- Sie gesteht den Kindsmord und begründet ihn mit von ihr erfahrener mangelnder Liebe und weil das Kind nicht ihre Qualen erdulden sollte.
- Rose wiederholt Geständnis, weil ihr kein Glauben geschenkt wird.
- Rose weist auf Tatort hin.
- Reaktionen der Anwesenden: Vater Bernd ist entsetzt, Gendarm will sie mit aufs Amt nehmen, August äußert Mitleid.

Kontext:

Leid Roses als thematischer Kontext:

- Rose liebt einen verheirateten Mann und muss ihre Liebe geheim halten (vgl. S. 7–17).
- Rose wird von einem ihr verhassten Mann belauscht und erpresst (vgl. S. 12–17).
- Rose soll einen Mann heiraten, den sie nicht liebt (vgl. S. 10 f.)
- Rose erwartet ein uneheliches Kind (vgl. S. 31–34)
- Rose kann sich der einzigen Frau, die ihre Mutter ersetzen könnte, nicht anvertrauen, weil sie die Frau ihres Geliebten ist (vgl. S. 31–34).
- Rose wird vergewaltigt (vgl. S. 48 f.).
- Rose wird von ihrem Vergewaltiger verleumdet, ohne sich wehren zu können (vgl. S. 49 f.).
- Sie wird vom Vater ihres Kindes im Stich gelassen (vgl. S. 65).
- Rose wird in einen Beleidigungsprozess verwickelt, der sie vor die tragische Alternative stellt entweder die Wahrheit zu sagen und dadurch ihrem Vater Schande zu bereiten, ihre Ehre und ihren zukünftigen Ehemann zu verlieren oder einen Meineid zu leisten. Die Alternative ist tragisch, weil jede der beiden Möglichkeiten verhängnisvoll ist.
- Nach dem Meineid hat sie die Wahl: Lässt sie ihr Kind am Leben, gibt sie den Meineid zu, tötet sie ihr Kind, begeht sie ein noch größeres Verbrechen.

II. Charakterisierung

- Rose Bernd ist ein „schönes und kräftiges Bauernmädchen von zweiundzwanzig Jahren" (S. 7), sie ist gesund, tüchtig, stark, offen, ehrlich, treuherzig, natürlich. Die fortschreitende Verdunklung ihres Bewusstseins infolge ihres Leidens drückt sich in ihrer Sprache aus. Die natürliche, lebhafte, dialektale Sprache des ersten Aktes mündet in ein anklagendes Stammeln im fünften Akt.
- August Keil, Buchbinder, etwa 35 Jahre alt, kränkelnd, ein Stubenhocker, gutmütig, fromm, hässlich, friedliebend und treu (vgl. S. 76 ff.). Seine Sprechweise wirkt gehemmt.
- Vater Bernd ist fromm, ehrwürdig, bieder, demütig, tugendvoll, er ist ein strenger Erzieher (vgl. S. 18, S. 75, S. 77).

III. Naturalismus

- Naturalismus fordert naturgetreue Abbildung der Wirklichkeit (vgl. Regieanweisungen, Dialekt) ohne Stilisierung.
- Mensch erklärt sich als Produkt aus Erbgut, Milieu, Erziehung, geschichtlicher Situation (vgl. Roses Schicksal).
- Literatur soll Kausalzusammenhänge aufdecken.
- Natürlichkeit als Hauptforderung

C. Schluss

Schuldfrage als Abschluss: Historische Rose wurde freigesprochen, Hauptmann begründet Freispruch in seinem Werk mit sozialen Umständen.
Appell: Taten von Menschen hinterfragen und soziale Bedingungen berücksichtigen, individuelle Schuld muss aber dennoch abgegolten werden.

Lösungen zu 2. Der Textvergleich

▶ *Lösung 13*

Vorschlag für die Ausarbeitung (stichwortartig)

A. Einleitung

Auseinandersetzung mit aktuellen Ereignissen als Gemeinsamkeit der Gedichte *Schluss des 1648ten Jahres* von dem Barockdichter Andreas Gryphius und *Jeden Tag* von Rolf Haufs.

B. Hauptteil

I. Interpretation von *Schluss des 1648ten Jahres*

1. Inhalt und Aussage
   - Verabschiedung des leidvollen Jahres
   - Bitte an Gott um Verlängerung der Lebensfrist
   - Bitte an Gott um Bedenkzeit
   - Bitte an Gott um Lebensfreude

   Aussage: Gott möge nach dem leidvollen Jahr 1648 im folgenden Jahr Gesundheit und Glück bescheren.

2. Sprachliche/formale Gestaltung
   - Sonett: 2 Quartette als Bestandsaufnahme, Aufforderung schon in V. 4 und V. 8
     2 Terzette mit Wunsch nach Frieden und nach Lebensverlängerung in V. 11 und V. 14
   - Alexandriner in beiden Quartetten unterstreicht Inhalt durch Satzbau und Betonung.
   - Versmaß im 2. Terzett: Vierhebiger Trochäus verstärkt Aufforderung durch Bruch des Alexandriners.
   - Anapher (V. 1–3): Verstärkung des Wunsches, Jahr möge endlich vergehen.
   - Vergleiche (z. B. V. 5–8) stellen Bezug zwischen Tod/Leben und Vergänglichkeit her.
   - Alliteration (V. 10): Verstärkung des Leidens

3. Schlüsselbegriffe
   - „Betrübtes Jahr" (V. 1): Jahr des Endes des 30-jährigen Krieges, Hoffnung auf bessere Zukunft.
   - „liebliches Geschenke" (V. 14): Leben, das als von Gott gegeben erscheint.
   - „Bahre" (V. 13): Todesgedanke, der ganzes Sonett durchzieht.

II. Interpretation von *Jeden Tag*
Vgl. Lösung zu Ü 9.

III. Zusammenfassender Vergleich
1. Gemeinsamkeiten
   - Tod/Leben als Thema
   - aktuelle Begebenheiten

2. Unterschiede
   - Gryphius: Wendung zu Gott (Trost und Hoffnung)
   - Haufs: Appell an Leser selbst aktiv zu werden, um Leiden in der Welt zu verringern.

C. Schluss
Schlusswertung: Hohe Aktualität von Haufs' Gedicht, Bedeutung des aktiven Miteinander-Lebens und der Verantwortung für den Nächsten.

▶ Lösung 14
Vorschlag für die Ausarbeitung (stichwortartig)

A. Einleitung
Liebe als beliebtes Motiv in der Lyrik. Mit einem Abstand von mehr als 200 Jahren haben sich Johann Wolfgang von Goethe in *Willkommen und Abschied* und Ulla Hahn in *Mit Haut und Haar* dieses Themas angenommen.

B. Hauptteil

I. Interpretation von *Willkommen und Abschied*
1. Inhalt/Aussage
   - Aufbruch des lyrischen Ich
   - Ritt durch nächtlichen Wald, Vorfreude lässt lyrisches Ich die unheimliche Atmosphäre vergessen.
   - Ankunft bei geliebter Person
   - Abschied unter Schmerzen, aber auch mit Glück
   Aussage: Lobpreis der Liebe

2. Formale und sprachliche Mittel
   Vgl. Lösung zu Ü 7.

3. Schlüsselbegriffe/zentrale Symbole
   Vgl. Lösung zu Ü 7.

II. Interpretation von *Mit Haut und Haar*

1. Inhalt/Aussage
   - Rückblick auf Beginn einer innigen Liebesbeziehung
   - sukzessive Aufgabe der Individualität des lyrischen Ich während der Liebesbeziehung
   - vollständige Verborgenheit des lyrischen Ich im Inneren der angesprochenen Person
   - Trennung

     Aussage: Kritik an vollständiger Hingabe des eigenen Ich zugunsten einer Liebesbeziehung, evtl. auch Enttäuschung und Schmerz über Trennung

2. Formale und sprachliche Mittel
   - Sonett: 2 Quartette mit Vorgeschichte, 1. Terzett mit Höhepunkt der Entselbstung, 2. Terzett mit Lösung der Beziehung als Höhepunkt des Sonetts
   - fünfhebiger Jambus: evtl. Hinweis auf Erzählhaltung (Rückblick ohne emotionale Beteiligung)
   - Metaphern: „Senke deiner Jahre" (V. 1): schlechter Zustand des Partners „Sommer" (V. 2): Lebensfreude des lyrischen Ich

     Vgl. V. 5 f: Lyrisches Ich verliert langsam seine Persönlichkeit.

     Vgl. V. 14: Lyrisches Ich wird von Partner verlassen.
   - Alliteration: „Hand und Haut und Haare" (V. 3): Gefügigkeit des lyrischen Ich; vgl. auch V. 14: völliges Verlassensein

3. Schlüsselbegriffe/zentrale Symbole
   - vgl. V. 3: gänzliche Hingabe
   - vgl. V. 14: vollständiges Verlassensein

III. Zusammenfassender Vergleich

1. Gemeinsamkeiten
   - Liebe als gemeinsames Thema
   - Abschied als gemeinsames Thema

2. Unterschiede
   - Hahn: Betonung des negativen Aspekts, Partner gibt sich für anderen auf, wird enttäuscht, realistische Aussage
   - Goethe: nur vorläufiger Abschied, idealistische Vorstellung von Liebe

C. Schluss

Goethes Gedicht passt zum Beginn einer Liebesbeziehung, es blendet alltägliche Probleme aus. Aktueller in einer Zeit, in der 30% der Ehen geschieden werden, ist sicherlich Hahns Sonett. Auch Goethe hatte zahlreiche wechselnde Liebesbeziehungen gehabt. Sein Gedicht lässt sich als ein Ausdruck dessen lesen, was ihm Verliebtsein bedeutet hat. Die Gefühle der anderen Person bleiben dabei außer Acht. Hahn hat gewissermaßen eine weibliche, aber vor allem eine realistische Antwort auf Goethes Gedicht parat.

▶ ***Lösung 15***

Vorschlag für die Ausarbeitung (stichwortartig)

A. Einleitung

Hinweis auf gemeinsames Thema der beiden Geschichten

B. Hauptteil

I. Interpretation von *Der Brief*

1. Inhalt/Aussage
   - Reparatur der Mansarde als Anlass für Herrn Millner, alte Schriftstücke zu ordnen, die im Laufe der letzten 20 Jahre gesammelt worden sind.
   - Sichtung ergibt, dass es sich hauptsächlich um Bankauszüge und Rechnungsbelege handelt.
   - Millner beschließt Papiere im Garten zu verbrennen; nach dem Anzünden entdeckt er einen 20 Jahre alten Brief, den er versehentlich nicht abgeschickt hat.
   - Brief ist an seine Frau gerichtet und enthält Annahme ihres Versöhnungsangebots.
   - Er erinnert sich an seine Gedanken im Juli 1935, nachdem keine Antwort auf den abgeschickt geglaubten Brief eingetroffen ist.
   - Zweifel an der Möglichkeit einer Verständigung
   - Todeserklärung der Frau nach dem Krieg
   - Millner wirft Brief ins Feuer zurück.

   Aussage: Reaktion auf Erinnerung als Erfahrung von Vergänglichkeit und Unabänderlichkeit

2. Sprachliche und formale Gestaltung
   - personale Erzählhaltung: Gefühle und Gedanken Millners eindringlich beschrieben.
   - „Brief" als Symbol für misslungene Kommunikation, versäumte Gelegenheit der Versöhnung, die weiteren Verlauf des Lebens hätte beeinflussen können.

- Metapher „Grab“: Steht für Erinnerung an Vergangenheit, die durch Auftauchen eines Bestandteils zur Gegenwart zu werden scheint.

II. Interpretation von *Vom Meer*

1. Inhalt/Aussage
   - Inhalt des Briefes: Temperatur, Wind vom Meer
   - Frau erhält Brief, sie liest ihn und reflektiert darüber.
   - zukünftiger Brief gleichen Inhalts, den Frau einmal erhalten wird

   Aussage: Brief offenbart Bruch der Beziehung, Frau mit übersteigerten Erwartungen, die nicht erfüllt werden.

2. Sprachliche und formale Gestaltung
   - Montage: Zitate aus dem Brief im fortlaufenden Erzählfluss deuten auf Allgegenwärtigkeit des Briefes in den Gedanken der Frau hin.
   - Tempuswahl (Präsens): Leser wird in aktuelle Gefühlssituation eingebunden.
   - Klischees, banale Floskeln im Brief: Ausdruck des Pflichtgefühls des Mannes
   - asyndetische Satzreihung bei Briefempfang: Aufregung der Frau
   - polysyndetische Verbindung („und“) am Ende: Hinweis auf Gleichgültigkeit der Frau

III. Zusammenfassender Vergleich

1. Geimeinsamkeiten
   - Brief stellt Kommunkation nicht her, entspricht somit nicht seinem eigentlichen Sinn.
   - Brief als Symbol einer verpassten Gelegenheit

2. Unterschiede
   - Flake: Beziehung bereits vor Beginn der Erzählung abgeschlossen.
   - Bichsel: Beziehung wird während der Geschichte Vergangenheit.

C. Schluss

Hinweis auf aktuelle Kommunikationsmittel (Chancen und Gefahren)

Literaturverzeichnis

Literarische Texte

Bernhardt, Thomas:
Der Anstreicher. Aus: *Ereignisse*. Frankfurt am Main: 1991, S. 29.

Bichsel, Peter:
Das Kartenspiel. Aus: *Eigentlich möchte Frau Blum den Milchmann kennen lernen. 21 Geschichten*. Olten und Freiburg: 1964, S. 53–55.

Bichsel, Peter:
Vom Meer. Aus: *Eigentlich möchte Frau Blum den Milchmann kennen lernen. 21 Geschichten*. Olten und Freiburg: 1964, S. 44–46.

Borchert, Wolfgang:
Nachts schlafen die Ratten doch. Aus: *Das Gesamtwerk.* Hamburg: 1982, S. 216–219.

Flake, Otto:
Der Brief. Aus: *Finnische Nächte. Die Erzählungen*. Gütersloh: 1966, S. 620–621.

Frisch, Max:
Homo faber. Frankfurt: 1977.

Gernhardt, Robert:
Siebenmal mein Körper. Aus: *Körper in Cafés. Gedichte.* Frankfurt: 1997, S. 62.

Goethe, Johann Wolfgang von:
Faust. Hrsg. von Erich Trunz. München: 1979.

Goethe, Johann Wolfgang von:
Willkommen und Abschied. Aus: *Gedichte*. Hrsg. von Paul Stapf. Wiesbaden: o. J., S. 76.

Gryphius, Andreas:
An sich selbst. Aus: *Deutsche Gedichte.* Ausgewählt und eingeleitet von Karl Krolow. Bd. 1. 5. Auflage. Frankfurt am Main: 1982, S. 80.

Gryphius, Andreas:
Schluss des 1648sten Jahres. Aus: *Deutsche Gedichte*. Ausgewählt und eingeleitet von Karl Krolow. Bd. 1. 5. Auflage. Frankfurt am Main: 1982, S. 81.

Hahn, Ulla:
Mit Haut und Haar. Aus: *Herz über Kopf. Gedichte.* Stuttgart: 1981, S. 7.

Haufs, Rolf:
Jeden Tag. Aus: *Felderland. Gedichte.* München, Wien: 1986, S. 72.

Hauptmann, Gerhart:
Bahnwärter Thiel. Stuttgart: 1970.

Hauptmann, Gerhart:
Rose Bernd. 21. Auflage. Frankfurt: 1991.

Kafka, Franz:
Der Aufbruch. Aus: *Sämtliche Erzählungen.* Hrsg. von Paul Raabe. Frankfurt: 1970, S. 321.

Lessing, Gotthold Ephraim:
Der Wolf und das Schaf. Aus: *Fabeln aus drei Jahrtausenden.* Auswahl und Nachwort von Reinhard Dithmar. Zürich: 1976, S. 196 f.

Lessing, Gotthold Ephraim:
Nathan der Weise. Hrsg. von Gerd Eversberg. Hollfeld: 1996.

Luther, Martin:
Wolf und Lämmlein. Aus: *Fabeln aus drei Jahrtausenden.* Ausgewählt von Reinhard Dithmar. Zürich: 1976, S. 79 f.

Mann, Heinrich:
Der Untertan. 37. Auflage. München: 1995, S. 55–58.

Opitz, Martin:
Francisci Petrarchae. Aus: *Gesammelte Werke.* Hrsg. von George Schulz-Behrend. Bd. 2. Stuttgart: 1979.

Szymborska, Wislawa:
Werbeprospekt. Aus: *Deshalb leben wir. Gedichte.* Übertragen und herausgegeben von Karl Dedecius. 4. Auflage. Frankfurt am Main: 1996, S. 82 f.

Thurber, James:
Die Kaninchen, die an allem schuld waren. Aus: *75 Fabeln für Zeitgenossen.* Hamburg: 1967, S. 5 f.

Sachtexte

Best, Otto:
Handbuch literarischer Fachbegriffe. Frankfurt: 1973.

Wilpert, Gero von:
Sachwörterbuch der Literatur. 7. verbesserte und erweiterte Auflage. Stuttgart: 1989.

Aufsatz

Qualität, die überzeugt!

- **schülergerecht dargestellt und aufbereitet**
- **klarer, übersichtlicher Aufbau**
- **Randleisten mit Info-Buttons**
- **mit Übungen und Lösungen**
- **erarbeitet in Anlehnung an die gültigen Lehrpläne**
- **Lernerfolg ist garantiert!**

Die Bände enthalten sowohl die wichtigsten Informationen zu den einzelnen Aufsatzthemen als auch zahlreiche Übungsmöglichkeiten. Die Übungen bauen aufeinander auf und sind auf der Grundlage aktueller, schülernaher und unterrichtsrelevanter Texte verfasst. Inhaltliche wie sprachlichgrammatische Aspekte werden in gleicher Weise berücksichtigt.
Ein Lösungsteil ermöglicht die eigenständige Kontrolle und Verbesserung der Arbeitsergebnisse.

Eckehart Weiß
Wie schreibe ich einen Aufsatz?
5.–6. Schuljahr
Sek I / RS / Gym (HS/AHS)
216 Seiten
Best.-Nr. 1481-8
Folgende Themen werden behandelt:
Die Erzählung / Der Bericht / Der Brief / Die Beschreibung / Schilderung / Textzusammenfassung

Thomas Brand
Wie schreibe ich einen Aufsatz?
7.–8. Schuljahr
Sek I / RS / Gym (HS/AHS)
180 Seiten
Best.-Nr. 1482-6
Folgende Themen werden behandelt:
Inhaltsangabe (auch erweitert) / Bildbeschreibung / Schilderung / Protokoll / begründete Stellungnahme und Kurzvortrag

Brand, Möbius
Wie schreibe ich einen Aufsatz?
9.–10. Schuljahr
Sek I / RS / Gym (HS/AHS), 200 Seiten
Best.-Nr. 1483-4
Folgende Themen werden behandelt:
Informierende, berichtende, kommentierende Texte/ Reportage / dialektische Erörterung / Geschäftsbrief / Charakteristik / Argumentationslehre / lineare Erörterung / Referat

Thomas Möbius
Wie schreibe ich einen Aufsatz?
11.–13. Schuljahr – Band 1
Sek II / Gym (AHS)
188 Seiten
Best.-Nr. 1484-2
Folgende Themen werden behandelt:
Die Inhaltsangabe / Die Erörterung / Die Textanalyse / Facharbeit

Thomas Möbius
Wie schreibe ich einen Aufsatz?
11.–13. Schuljahr – Band 2
Sek II / Gym (AHS)
160 Seiten
Best.-Nr. 1485-0
Folgende Themen werden behandelt:
Die Textinterpretation / Epik / Lyrik / Drama / Textvergleich

Eckehart Weiß
Berichten – Erzählen – Beschreiben
5.–7. Schuljahr
Sek I / RS / Gym (HS/AHS), 152 Seiten
Best.-Nr. 1475-3
Das Buch behandelt alle Aufsatzformen der 5.-7. Klasse.
Wie schreibe ich einen Bericht, eine Reizwortgeschichte, eine Schilderung, ...? Übersichtlich und verständlich aufgebaut, wird dem Schüler ermöglicht, anhand von Anleitungen, Beispielen, Übungen und Lösungen gezielt die jeweilige Aufsatzform zu erschließen, um sie dann in der Praxis erfolgreich umzusetzen. Lernerfolg ist garantiert. Die ideale Hilfe für Schüler und Eltern.

Bange ... leichter lernen!